## Das Buch für
# MÄDCHEN

PETRA HIRSCHER

# Das Buch für MÄDCHEN

Alles, was ich wissen will über Erwachsenwerden, Liebe und Sexualität

Mit Zeichnungen von Susanne Kracht

PATTLOCH

**Bibliografische Information: Die Deutsche Nationalbibliothek**
Die Deutsche Nationalbibliothek verzeichnet diese Publikation in
der Deutschen Nationalbibliografie; detaillierte bibliografische Daten
sind im Internet über http://dnb.d-nb.de abrufbar.

Es ist nicht gestattet, Abbildungen dieses Buches zu scannen, in PCs
oder auf CDs zu speichern oder in PCs/Computern zu verändern oder
einzeln oder zusammen mit anderen Bildvorlagen zu manipulieren,
es sei denn mit schriftlicher Genehmigung des Verlages.

© 2008 Pattloch Verlag GmbH & Co. KG, München

Umschlaggestaltung: ZERO Werbeagentur, München
Umschlagfoto: Getty Images / Kollektion: Stockbyte
Herstellung, Satz und Layout: Michaela Daigl
Co-Autor: Gerald Drews
Reproduktion: Repro Ludwig, A-Zell am See
Druck und Bindung: GGP Media GmbH, Pößneck
Printed in Germany

ISBN 978-3-629-01402-3

5 4 3 2 1

# INHALT

### KAPITEL 1
*Aus nächster Nähe:*
*Du, deine Familie und deine Freunde* .......... 13

Wann beginnt eigentlich die Pubertät? 13 • Woran erkenne ich, dass ich in der Pubertät bin? 14 • Ist es normal, dass ich so unterschiedliche und verwirrende Gefühle habe? 15 • Bin ich ein Egoist, wenn ich häufig an mich denke? 17 • Wie werde ich eine echte Persönlichkeit? 18 • Wie werde ich von meinen Eltern ernst genommen? 19 • Muss ich meinen Eltern alles sagen? 20 • Warum sagen manche, ich sei eine Zicke? 21 • Wie oft darf ich in die Disco? Wann darf ich wie lange ausgehen? 22 • Was tun, wenn ich keine Lust mehr auf die Schule habe? 24 • Ab wann kann ich von zu Hause ausziehen? 25 • Papa hat eine Freundin – wie geht's mit unserer Familie weiter? 26 • Meine Eltern wollen sich trennen – und jetzt? 28 • Die Eltern sind geschieden – was tun? 29 • Zu wem komme ich nach der Scheidung? 30

## KAPITEL 2
### Kein Buch mit sieben Siegeln: Du und dein Körper .......................... 33

Der kleine Unterschied – warum gibt es überhaupt Mädchen und Jungen? 33 • Wie verschieden sind eigentlich Jungen und Mädchen? 34 • Wie sehen die Geschlechtsorgane von Jungen und Mädchen aus? 34 • Muss ich mich für meinen Körper schämen? 36 • Wie funktioniert das eigentlich mit den Hormonen? 37 • Wie funktioniert die Vagina? 38 • Was geschieht mit einer Frau, wenn sie ihre Menstruation hat? 39 • Wieso wachsen mir plötzlich Brüste? 42 • Wann bekommt man seine erste Regel? 42 • Warum fühle ich mich vor der Periode oft mies? 44 • Ab wann kann ich schwanger werden? 45 • Wie funktioniert der Penis? 45 • Was ist eine Ejakulation? 46 • Bin ich pervers, wenn ich mich selbst befriedige? 48 • Was geschieht beim Frauenarzt? 49

## KAPITEL 3
### Body & Soul: Von Körperkult und Körperkultur ................ 53

Wie werde ich eigentlich richtig cool? 53 • Wie viel Hygiene und Körperpflege müssen sein? 54 • Was kann ich gegen Pickel tun? 56 • Markenmode oder Schlabberlook? 58 • No sports – oder lieber fit mit Fun? 58 • Ist Rauchen erotisch? 59

## KAPITEL 4
*Schnupperkurs:*
*Der erste Kontakt zum anderen Geschlecht* ...... 61

Wann bin ich reif für eine Beziehung zu einem Jungen? 61 • Wie wirke ich auf Jungen? 62 • Bin ich vielleicht eine Spätentwicklerin? 63 • Wie mache ich einen Jungen auf mich aufmerksam? 64 • Wie merke ich, ob der Junge es ernst meint? 66 • Warum reagieren Jungen in ihrer Clique oft so rätselhaft? 67 • Woran merke ich, dass ich verliebt bin? 68 • Gibt es Liebe auf den ersten Blick? 69 • Gibt es einen Unterschied zwischen Verliebtsein und Liebe? 70 • Braucht man zum Küssen eine Technik? 71 • Wie sammelt man die sexuellen Erfahrungen, von denen alle sprechen? 72 • Kann man Liebe lernen, wie man Englisch lernt? 73 • Muss man überhaupt in einer Beziehung leben? 74 • Kann es sein, dass ich nicht liebenswert und darum für immer zum Alleinbleiben verurteilt bin? 75 • Kann denn Liebe Sünde sein? 76

## KAPITEL 5
*Jetzt geht's los:*
*Miteinander gehen* ........................ 79

Was heißt das überhaupt: miteinander gehen? 79 • Wie finde ich heraus, ob es mein Freund ehrlich mit mir meint? 80 • Was soll man in einer Partnerschaft beachten? 81 • Warum ist mein Freund manchmal so unterträglich »cool«? 83 • Hat mein Freund ein Recht, mich zu erziehen – und umgekehrt? 84 • Wie viel Streit verträgt die Liebe? 85 • Wie viel Selbstverwirklichung verträgt die Liebe? 87 • Wie soll ich mit meinen Lustgefühlen ihm gegenüber umgehen? 88 • Wie weit kann ich sexuell in einer Freundschaft gehen? 89 • Wann bin ich reif für »das erste Mal«? 90 • Tut das »erste Mal« sehr weh? 92 • Ab wann darf ich bei meinem Freund übernachten? 92 • Meine Eltern möchten nicht, dass ich mit meinem Freund schlafe. Was geht sie das überhaupt an? 93 • Wann darf ich mit meinem Freund zusammenziehen? 94 • Kann man einen Jungen zum Freund nehmen, der schon mit vielen Mädchen Geschlechtsverkehr hatte? 94 • Wie offen darf eine Zweierbeziehung sein? 96 • Ist Fremdgehen hin und wieder erlaubt? 97 • Warum bin ich so rasend eifersüchtig? 98 • Was kann ich gegen Eifersucht tun? 99 • Was tun bei Liebeskummer? 100 • Bin ich frei, eine Freundschaft jederzeit zu beenden? 102 • Wie kann ich ihm fair sagen, dass ich mich von ihm trennen will? 103 • Nun macht er einfach Schluss – wie komme ich da bloß drüber hinweg? 104 • Ich liebe ihn noch immer. Wie kriege ich ihn bloß zurück? 106

**KAPITEL 6**
*Zur Sache:*
*Sex, Erotik, miteinander schlafen* ........... 107

Was ist eigentlich Erotik? 107 • Was sind eigentlich erogene Zonen? 108 • Gibt es eine Stufenleiter der Zärtlichkeit? 108 • Der Trieb macht's – oder kann man da etwas steuern? 110 • Gibt es Sex ohne Liebe? 110 • Gibt es Sex ohne Geschlechtsverkehr? 111 • Gibt es Liebe ohne Sex? 112 • Muss man Sex haben? 113 • Geht man eine Verpflichtung ein, wenn man mit einem Jungen schläft? 113 • Wie kann ich eigentlich über Sex reden, ohne unanständige Wörter zu gebrauchen? 114 • Was passiert bei der Defloration? 116 • Was empfindet eine Frau beim Sex? 118 • Was empfindet ein Mann beim Sex? 119 • Was ist ein Orgasmus? 120 • Welche Arten von Geschlechtsverkehr gibt es? 122 • Cunnilingus? Fellatio? Was ist denn das nun wieder? 124 • Was ist eigentlich pervers? 125 • Kann man von Sex abhängig werden? 128

**KAPITEL 7**
*Klartext:*
*Schwangerschaft, Verhütung und Abtreibung* ... 131

Wie kommt es zu einer Empfängnis? 131 • Wie wächst ein Kind im Bauch der Mutter heran? 132 • Wann ist ein Embryo ein Mensch? 135 • Mit welchen Methoden können Frauen eine Empfängnis verhüten? 136 • Wie können Männer eine Empfängnis verhüten? 142 • Ist Coitus interruptus im Notfall eine gute Verhütungsmethode? 145 • Gibt es Tage, an denen man risikolos miteinander schlafen kann? 145 • Gibt es eigentlich die todsichere Verhütungsmethode? 146 • Wie merke ich, dass ich schwanger bin? 147 • Schwanger – was nun? 149 • Was ist, wenn mein Freund das Kind nicht will? 150 • Was ist, wenn ich das Kind nicht will? 151 • Welche Methoden des Schwangerschaftsabbruchs gibt es? 151 • Wann ist ein Schwangerschaftsabbruch erlaubt? 153 • Schaffe ich das – ein uneheliches Kind zur Welt zu bringen und aufzuziehen? 155

## KAPITEL 8
### Kein Tabu:
### Anders sein .............................. 157

Schwul? Lesbisch? Was ist das? 157 • Ist Homosexualität angeboren? 158 • Was ist, wenn ich homosexuelle Neigungen bei mir entdecke? 159 • Ein bisschen »bi« – kann man erotische Neigungen für beide Geschlechter haben? 160 • Was ist ein Coming-out? 161 • Gibt es Frauenfreundschaften, die nichts mit Homosexualität zu tun haben? 161 • Händchen haltende Mädchen – sind die etwa lesbisch? 162

## KAPITEL 9
### Horror:
### Wenn Sex zum Albtraum wird ............... 163

Ist Geschlechtsverkehr gefährlich? 163 • Wie bekommt man Geschlechtskrankheiten? 164 • Woran merkt man, dass man sich etwas »geholt« hat, und was kann man dagegen unternehmen? 165 • Welche Geschlechtskrankheiten gibt es? 165 • Was genau ist Aids? 167 • Wie kann man Aids bekommen? 168 • Wie kann ich mich und meinen Partner vor Aids schützen? 169 • Wo finde ich eine Aids-Beratung? Wo kann ich einen HIV-Test machen lassen? 170 • Muss ich meinen Kontakt zu jemandem abbrechen, der Aids hat? 171 • Was ist eigentlich sexueller Missbrauch? 172 • Kann ich einen Erwachsenen anzeigen, der versucht, sich mir sexuell zu nähern oder der mich missbraucht? 173 • Soll ich etwa meinen eigenen Vater anzeigen? 174 • Können auch Jungen vergewaltigt werden? 176 • Warum dürfen Geschwister keine sexuelle Beziehung eingehen? 176

### KAPITEL 10
***Ein dunkles Kapitel:
Das Geschäft mit dem Sex*** .................. 177

Was ist Sexismus? 177 • Kann man Liebe kaufen oder verkaufen? 177 • Was ist Pornografie? 178 • Wer verdient am Porno-Business? 179 • Soll man Pornografie verbieten? 180 • Jungen sind doch alle Spanner oder warum gucken die? 181 • Telefon-Sex – die heiße Nummer? 182 • Sex im Internet – was bringt das? 183 • Was kann man im Sexshop kaufen? 183 • Was sind Bordelle? 184 • Was ist überhaupt Prostitution und wie funktioniert sie? 185 • Was sind Stricher und Callboys? 186 • Warum wird eine Frau Prostituierte? 187 • Was sind Freier? 188 • Soll ich erste sexuelle Erfahrungen mit einem älteren Typen mit Kohle machen? 189 • Wie funktioniert der Sextourismus? 189

### KAPITEL 11
***Und die Moral von der Geschicht':
Was zum Schluss gesagt werden sollte*** ........ 191

Wer bestimmt denn, was in Ordnung ist und was nicht, wenn nicht ich? 191 • Woher weiß ich denn, ob es richtig ist, was ich tue? 192 • Gibt es in der Sexualität Normen und Gebote, gegen die man nicht handeln soll? 193 • Wofür braucht man denn so etwas wie Scham? 194 • Einige sagen, Sex sei Sünde, stimmt das? 195 • Sind die christlichen Kirchen mit ihrer Lehre von der Liebe nicht sehr sexfeindlich? 196 • Was sagt die Bibel zu Liebe und Sexualität? 198 • Warum heiraten die Leute überhaupt? 200 • Ist eine nicht eheliche Lebensgemeinschaft nicht ehrlicher als eine Ehe? 201 • Kann man einander Treue bis zum Tod schwören? 202 • Wohin kann ich mich wenden, wenn ich nicht mehr weiterweiß? 204

## ANHANG

Buchtipps 205 • Kontakte 206 • Register 211

# KAPITEL 1

*Aus nächster Nähe:*
*Du, deine Familie und deine Freunde*

### Wann beginnt eigentlich die Pubertät?

Die Pubertät verläuft in drei Phasen. Die erste Phase, die Vorpubertät, reicht etwa vom 11. bis zum 14. Lebensjahr. Jetzt wachsen Körper- und Schamhaare und die ersten Sexualhormone werden produziert: Bei Mädchen schüttet der Körper Östrogene, bei Jungen Testosterone und bei beiden Geschlechtern Androgene und vermehrt Adrenalin aus. Mädchen bekommen die erste Menstruation, Jungen den ersten Samenerguss.
Die Pubertät fängt bei Mädchen normalerweise zwei Jahre früher an als bei Jungen. Sie dauert bei Mädchen etwa drei bis vier Jahre, bei Jungen rund ein Jahr länger. Nicht nur der Körper, auch die Psyche verändert sich: Es kommt zu stark wechselnden Launen: Traurigkeit und Wut, Schüchternheit und Aufbegehren, Albernheit und Fröhlichkeit wechseln einander ziemlich krass ab.
In der eigentlichen Pubertät zwischen dem 15. und 16. Lebensjahr setzt sich die geistige und körperliche Entwicklung rasant fort. Du fragst dich: »Wer bin ich?«, setzt dich kritisch mit der Welt der Erwachsenen auseinander. Freunde und Clique werden jetzt zunehmend wichtiger als Eltern und Geschwister. Oft

kommt es zu ersten sexuellen Erfahrungen: Man »geht« miteinander oder ist zumindest verknallt.

> *Was heißt eigentlich …*
>
> … **Pubertät**? Im Lateinischen bedeutet das Wort *pubertas* Geschlechtsreife, Mannbarkeit.

In der Nachpubertät, etwa im 17. bis 18. Lebensjahr, entwickelt sich bei vielen Jugendlichen das Selbstvertrauen. Jetzt werden Partnerschaften mit einem festen Freund oder einer festen Freundin noch bedeutsamer als das Verhältnis zur Familie. Du denkst immer intensiver über die Zukunft nach: Man nennt das Ganze auch »Sturm-und-Drang-Zeit«. An deren Ende steht meist die Beziehung zu den Eltern auf einer neuen partnerschaftlichen Ebene. Und irgendwann verlässt du, flügge geworden, das elterliche Nest: Du bist erwachsen.

## Woran erkenne ich, dass ich in der Pubertät bin?

Irgendwann, erst unmerklich, dann immer stärker werdend, passiert etwas mit dir: mit dem Körper, mit dem Verstand, mit den Gefühlen. Zunächst sprießen am ganzen Körper Haare: Schamhaare, Achselhaare, Beinhaare. Auch dein Körper wächst: Er entwickelt »rundere Formen«; deine Brüste, Brustwarzen und der Brustwarzenhof werden langsam, aber zusehends größer, deine Hüften werden breiter, die Taille kurviger.

Diese Veränderungen verlaufen nicht harmonisch. Du weißt nicht wohin mit deinen schlaksigen Armen. Du bekommst vielleicht eine Zahnspange. Die Beinschmerzen, die vom Wachstum her rühren, gehen dir auf die Nerven. Du machst dir Sorgen, weil dein Busen zu groß oder zu klein ist. Talgdrüsen produzieren zu viel Hautfett und lassen überall Pickel »blühen«.
Neben den vielen körperlichen Veränderungen spielen immer öfter deine Gefühle verrückt. Du bist grundlos albern. Du hängst traurig herum und glaubst, dass dich keiner versteht. Du möchtest gegen die ganze Welt rebellieren. Du sehnst dich nach Freiheit und Unabhängigkeit, hast aber auch Angst vor Neuem und Unbekanntem. Manchmal wünschst du dir die schönen Tage deiner Kindheit zurück. Viele Dinge, die dir einmal großen Spaß gemacht haben, kommen dir nur noch blöd vor. Alles in dir fährt Achterbahn – rauf, runter, rauf, runter. Wenn's dir so geht, dann bist du voll in der Pubertät.

### Ist es normal, dass ich so unterschiedliche und verwirrende Gefühle habe?

Die Antwort auf diese Frage ist: Ja. Menschen entwickeln sich ein Leben lang. Jetzt lernst du eben, erwachsen zu werden. Zugegebenermaßen gehört erwachsen zu werden zum Schwersten, was man im Leben lernen muss. Und genau das passiert im Lebensabschnitt der Pubertät. Amerikanische und kanadische Biologen und Hirnforscher haben diesen Vorgang recht bildlich erklärt. Ihre Erkenntnis: »Das Teenagerhirn ist eine Baustelle.« Bisher war man davon ausgegangen, das Gehirnwachstum des Menschen sei bis zum achten Lebensjahr abgeschlossen. Inzwischen hat man herausgefunden, dass im Alter von neun Jahren ein neuer massiver Wachstumsschub gerade im wichtigsten Steuerungszentrum erfolgt, dem sogenannten präfrontalen Kortex, im Großhirn. Hier werden die menschlichen Gefühle und Entscheidungsprozesse kontrolliert. Im Gehirn von Pubertierenden findet demnach eine zweite Stufe von Umbaumaßnahmen statt. Und weil das so ist, hat man eben in der Pubertät Probleme mit vernünftigem Handeln.

Trotzdem nutzt einem das nur wenig, wenn man nicht weiß, wohin mit diesem Durcheinander. Denn auf einmal sind sie da, die Gefühle. Mal nacheinander, mal gleichzeitig: Gefühle wie Liebe, Traurigkeit, Ärger, Eifersucht, Minderwertigkeitskomplexe, Scham, Angst, Sehnsucht, Freude, Wut, Größenwahn. Woher kommt das alles? Wieso jetzt? Wieso du?

Vielleicht glaubst du nun, Gefühle seien nicht ganz so wichtig wie Vernunft oder Verstand. Vielleicht willst du sie auch einfach nicht zulassen oder lieber verbergen. Oder du hast Angst, man könnte dich wegen deiner Gefühle auslachen oder verachten. Aber alle Menschen haben Gefühle, niemand kann ohne sie leben. Erwachsen werden bedeutet daher auch, den Mut zu haben, seine Gefühle zu äußern und zu ihnen zu stehen.

Vermutlich wirst auch du dich am ehesten mit deinem besten Freund oder deiner besten Freundin austauschen. Aber da ihr etwa gleich alt seid, werdet ihr die Dinge auch ähnlich sehen. Deswegen ist es sinnvoll, sich Rat bei jemandem zu holen, der schon ein Stück »weiter« als du ist, den du als Vorbild akzeptierst und von dem du glaubst, dass er dich versteht. Im Idealfall sind das deine Eltern.

## Bin ich ein Egoist, wenn ich häufig an mich denke?

Klare Antwort: Wenn es im Leben eine Phase gibt, in der du an dich denken darfst, dann jetzt, denn in dieser Zeit beschäftigst du dich zwangsläufig stark mit dir selbst und deinen Gefühlen. Nur darf man nicht ewig in der Pubertät bleiben.
Die Pubertät ist die Zeit, in der du dich von deinen Eltern ablöst. Jetzt, wo du kein Kind mehr bist, entdeckst du deine Intimsphäre, also deinen ganz persönlichen Bereich. Regeln, wie viel Intimsphäre jemand braucht, gibt es nicht. Aber jeder Mensch hat ein Recht, seine Grenzen zu setzen, und sollte auch die der anderen achten und respektieren. Das hat nichts mit Egoismus zu tun. Du brauchst deinen Schutzraum, um all das, was in der Pubertät auf dich einstürzt, zu verarbeiten. Dass du jetzt viel an dich denkst, an deinen Körper, deine Gefühle, deine Wünsche und Sehnsüchte – das wird dir niemand verdenken und niemand verwehren.
Tatsache ist aber auch, dass, wie es so schön heißt, das Leben weitergeht. Du musst zur Schule, auch wenn du traurig bist, du musst essen und trinken, auch wenn du verliebt bist, du gehörst zu deiner Familie (und hast dort auch bestimmte Aufgaben zu übernehmen), selbst wenn du nicht weißt, wo dir der Kopf steht. Wenn du dich aus allem ausklinkst, wenn du nur noch in Selbstmitleid zerfließt, aber auch, wenn du deine Gefühle unterdrückst und alles stumm in dich hineinfrisst, dann schadest du dir nur selber. Auch wenn du jetzt glaubst, dass dich wirklich niemand auf der Welt versteht: Das ist ein Irrtum! Wenn du den Mut besitzt, dich mitzuteilen und über deine Gedanken zu sprechen, dann wirst du erfahren, dass du nicht die Einzige bist, der es so geht oder so ging wie dir jetzt. Auch Eltern, ältere Geschwister und andere Erwachsene waren mal in der Pubertät.

Und wenn dir im Moment niemand einfällt, mit dem du reden kannst, gibt's ein paar ganz gute Möglichkeiten, sich abzureagieren: Probier's mal mit Sport oder einem Hobby, das dir Spaß macht. Und wenn alles nichts hilft: Es ist völlig okay, einfach mal nur abzuhängen. Solange es nicht zum Dauerzustand wird …

## Wie werde ich eine echte Persönlichkeit?

Kann man denn seine eigene Entwicklung beeinflussen – oder wird man einfach, wie man wird? Ganz klar: Man kann. Man kann Haltungen einüben (etwa Selbstdisziplin, Ehrlichkeit, Mut vor »großen Tieren«), die einem nach und nach in Fleisch und Blut übergehen. Man kann sich für bestimmte Werte einsetzen (Engagement in einem Verein oder einer Gemeinde) und andere Dinge konsequent ablehnen (Nein zu Drogen, Rassismus oder Ähnlichem). Wenn du jetzt an dir arbeitest, investierst du in das Beste, was du hast: dein Leben.
Zum Erwachsenwerden gehört auch, gelegentlich zuzugeben, schlecht drauf zu sein, Fehler gemacht zu haben oder Hilfe zu brauchen. Und noch etwas macht einen erwachsenen Menschen aus: Er setzt nicht immer nur seine eigene Meinung durch, sondern er akzeptiert auch die der anderen. Fairness, die Bereitschaft zum Kompromiss, die Fähigkeit, auch mal darüber nachzudenken, ob deine Eltern oder Lehrer wirklich komplett auf dem falschen Dampfer sind – das sind Beweise für »Reife«.

## Wie werde ich von meinen Eltern ernst genommen?

»Ich bin doch kein kleines Kind mehr!« Diesen Satz hat jeder schon mal frustriert hinausgebrüllt. Eltern wollen einfach nicht begreifen, dass man erwachsen ist. Erwachsen ist? Nun, auch wenn du in vielen Dingen schon reichlich reif zu sein scheinst: Solange du nicht volljährig bist, sind deine Eltern schon vom Gesetz her für dich verantwortlich. Das verpflichtet sie, ein Auge auf dich zu haben.
Da nämlich fast alle Eltern wirklich das Beste für ihre Kinder wollen, fällt es ihnen oft schwer mitzuerleben, wie sich ihr Kind abnabelt und ihnen mehr und mehr entgleitet. Sie wollen nicht wahrhaben, dass du nicht mehr das nette kleine Mädchen bist, das sie mehr als ein Jahrzehnt begleitet haben, sie wollen dich schützen vor Gefahren, in die du dich aufgrund deiner Neugier und deiner Lust am Leben begibst. Du hingegen glaubst, dass du dein Leben ganz gut selbst in die Hand nehmen kannst.
Das ist der Grundstock für Interessenkonflikte ohne Ende. Nun kommt es darauf an, wie ihr alle – du, deine Eltern, deine ganze Familie – damit umgeht.
Eine Patentlösung gibt es nicht. Dafür sind Menschen zu verschieden. Doch wenn du Tugenden wie Fairness, Toleranz oder Offenheit nicht nur für dich selbst beanspruchst, sondern auch gegenüber anderen anwendest, kommst du mit anderen im Allgemeinen gut klar. Wenn du dich in deine Eltern, in ihre Bedenken, ihre Vorsicht, ihre Liebe (die du vielleicht nicht als solche empfindest) hineinversetzt und wenn du ihren guten Willen anerkennst, kannst du vielleicht lockerer mit der Situation umgehen. Wenn du dir vor Augen hältst, dass auch sie respektvoll

behandelt werden wollen und Gefühle haben, auf denen man nicht jeden Tag herumtrampeln muss, wird das Zusammenleben schon eine Spur leichter.

## Muss ich meinen Eltern alles sagen?

Es ist aber auch eine blöde Situation: Da haben deine Eltern von deiner Geburt an für dich mitgeplant, mitgedacht, mitentschieden. Und auf einmal passt dir das nicht mehr. Auf einmal sagst du: »Halt, bis hierher und nicht weiter!« Auf einmal willst du Mitspracherecht. Schwierig für beide Seiten, nicht wahr?
Kinder fechten mit Eltern und Lehrern erbitterte Kämpfe aus. Mädchen fühlen sich häufig genervt und haben das Gefühl, dass alle anderen auf ihnen herumtrampeln. Sie fühlen sich behandelt wie kleine Kinder. Viele Eltern reagieren ärgerlich und mit Unverständnis, wenn ihr »nettes kleines Mädchen« plötzlich provozierend auftritt und mehr Rücksicht auf seine Clique als auf die eigene Familie nimmt. In der Pubertät schließen sich junge Leute gerne in Gruppen zusammen, denn das Zusammensein mit Gleichaltrigen fördert ihr Selbstbewusstsein, aber nur wenige Eltern sind gern mit einer Gruppe lärmender Jugendlicher unter einem Dach zusammen. Sie haben Angst um deine Zukunft und befürchten, dass du in Schwierigkeiten kommst. Die Folge: Verbote, Verbote, Verbote.
Für viele Eltern sieht es so aus, als ob ihr Kind plötzlich das Gefühl und Verständnis für andere Menschen verloren habe. Sie fragen sich, welche Probleme noch auf sie zukommen. Und sie machen deswegen Stress. Kein Wunder, dass dir Vater und Mutter jetzt öfter ziemlich auf die Nerven gehen.
Natürlich musst du ihnen längst nicht alles sagen. Letztlich ist

es zweitrangig, *was* du deinen Eltern erzählen möchtest. Das *Wie* macht es meistens aus, wie gut ihr miteinander zurechtkommt. Weil du ihnen Dinge verschweigen willst, von denen du weißt, dass sie damit nicht einverstanden wären, hast du oft ein schlechtes Gewissen und Schuldgefühle. In der Pubertät geht es um Loslösung. Es ist völlig normal, wenn du zumindest in Teilbereichen rebellierst und widersprichst.

## Warum sagen manche, ich sei eine Zicke?

Alles, was auf den vorhergehenden Seiten beschrieben wurde, wirkt natürlich auch auf die Menschen um dich herum: deine Unsicherheit, deine neuen Erfahrungen. Du bist, wie gesagt, nicht mehr (oder nicht immer) das »nette, brave Mädchen« – vorausgesetzt, du warst es je! Natürlich ist für die anderen jemand pflegeleichter, der zu allem Ja und Amen sagt, als jemand, der Dinge hinterfragt, der widerspricht, der eine eigene Meinung hat. Na und? Es ist wichtig, dass du zu dir selbst findest. Dazu gehören Rebellion und Widerspruch, solange es nicht in Krieg mit allem und jedem ausartet. Diese Phase geht vorbei – für dich und deine Mitmenschen. Wenn sie dich »Zicke« nennen – was soll's? Du bist auf dem Weg zu dir. Und der ist eben nicht immer eine Autobahn, sondern manchmal ein ganz schön holpriger Pfad. Da holt man sich auch mal eine blutige Nase, bildlich gesprochen. Es gibt Schlimmeres …

## Wie oft darf ich in die Disco?
## Wann darf ich wie lange ausgehen?

Deine Eltern haben ein Recht darauf, dich zu fragen, wohin du gehst und wann du heimkommst. Sie dürfen sich nach den Kneipen und Discos erkundigen, die du besuchst. Denn solange du minderjährig bist, besitzen deine Eltern laut Bürgerlichem Gesetzbuch (§ 1631) das Aufenthaltsbestimmungsrecht. Sie können dir also zum Beispiel verbieten, dich in Spielhallen oder Discos aufzuhalten. Außerdem dürfen sie dir vorschreiben, wann du abends nach Hause kommen musst. Jedenfalls, bis du volljährig bist. Erst mit 18 kannst du über deinen Lebenswandel selbst bestimmen und eigenverantwortlich entscheiden, wie lange du mit wem wo unterwegs bist.
Auch das Jugendschutzgesetz macht ganz klare Aussagen, was du in welchem Alter darfst. Hier einige Auszüge:

**§ 1:** Halten sich Kinder oder Jugendliche an Orten auf, an denen ihnen eine unmittelbare Gefahr für ihr körperliches, geistiges oder seelisches Wohl droht, so haben die zuständigen Behörden oder Stellen die zur Abwendung der Gefahr erforderlichen Maßnahmen zu treffen. Wenn nötig, haben sie die Kinder oder Jugendlichen zum Verlassen des Ortes anzuhalten, einem Erziehungsberechtigten zuzuführen oder, wenn kein Erziehungsberechtigter erreichbar ist, in die Obhut des Jugendamtes zu bringen. In schwierigen Fällen haben die zuständigen Behörden oder Stellen das Jugendamt über den jugendgefährdenden Ort zu unterrichten.

**§ 2:** (1) Kind im Sinne dieses Gesetzes ist, wer noch nicht vierzehn, Jugendlicher, wer vierzehn, aber noch nicht achtzehn Jahre alt ist. (2) Erziehungsberechtigter im Sinne dieses Gesetzes ist jede Person, der allein oder gemeinsam mit anderen Personen nach den Vorschriften des Bürgerlichen Gesetzbuches die Personensorge zusteht, jede sonstige Person über achtzehn Jahre, soweit sie aufgrund einer Vereinbarung mit dem Personensorgeberechtigten Aufgaben der Personensorge wahrnimmt oder soweit sie das Kind oder den Jugendlichen im Rahmen der Ausbildung oder – mit Zustimmung des Personensorgeberechtigten – im Rahmen der Jugendhilfe betreut.

§ 3: (1) Der Aufenthalt in Gaststätten darf Kindern und Jugendlichen unter sechzehn Jahren nur gestattet werden, wenn ein Erziehungsberechtigter sie begleitet. Dies gilt nicht, wenn Kinder oder Jugendliche an einer Veranstaltung eines anerkannten Trägers der Jugendhilfe teilnehmen, sich auf Reisen befinden oder eine Mahlzeit oder ein Getränk einnehmen.
(2) Jugendlichen ab sechzehn Jahren ist der Aufenthalt in Gaststätten ohne Begleitung eines Erziehungsberechtigten bis 24 Uhr gestattet.
(3) Der Aufenthalt in Gaststätten, die als Nachtbar oder Nachtclub geführt werden, und in vergleichbaren Vergnügungsbetrieben darf Kindern und Jugendlichen nicht gestattet werden.

§ 4: (1) In Gaststätten, Verkaufsstellen oder sonst in der Öffentlichkeit dürfen Branntwein, branntweinhaltige Getränke oder Lebensmittel, die Branntwein in nicht nur geringfügiger Menge enthalten, an Kinder und Jugendliche, andere alkoholische Getränke an Kinder und Jugendliche unter sechzehn Jahren weder abgegeben noch darf ihnen der Verzehr gestattet werden.

> **§ 5:** (1) Die Anwesenheit bei öffentlichen Tanzveranstaltungen ohne Begleitung eines Erziehungsberechtigten darf Kindern und Jugendlichen unter sechzehn Jahren nicht und Jugendlichen ab sechzehn Jahren längstens bis 24 Uhr gestattet werden. Abweichend von Absatz 1 darf die Anwesenheit Kindern bis 22 Uhr und Jugendlichen unter sechzehn Jahren bis 24 Uhr gestattet werden, wenn die Tanzveranstaltung von einem anerkannten Träger der Jugendhilfe durchgeführt wird oder der künstlerischen Betätigung oder der Brauchtumspflege dient.
>
> **§ 8:** (1) Die Anwesenheit in öffentlichen Spielhallen oder ähnlichen vorwiegend dem Spielbetrieb dienenden Räumen darf Kindern und Jugendlichen nicht gestattet werden.
> (2) Die Teilnahme an Spielen mit Gewinnmöglichkeiten in der Öffentlichkeit darf Kindern und Jugendlichen nur auf Volksfesten, Schützenfesten, Jahrmärkten, Spezialmärkten oder ähnlichen Veranstaltungen gestattet werden, wenn der Gewinn in Waren von geringem Wert besteht.
>
> **§ 9:** Das Rauchen in der Öffentlichkeit darf Kindern und Jugendlichen unter sechzehn Jahren nicht gestattet werden.

## Was tun, wenn ich keine Lust mehr auf die Schule habe?

Auch hier gibt es klare gesetzliche Regelungen. Zwar unterstehen die Schulen den Kultusministerien der Bundesländer, doch im Hinblick auf die Schulpflicht unterscheiden sich die entsprechenden Gesetze im Kern nicht voneinander. Das bedeutet: Die allgemeine Schulpflicht dauert neun Jahre. Daran anschließend besteht eine dreijährige Berufsschulpflicht, egal ob du ein Berufsausbildungsverhältnis hast oder nicht. Sobald du 18 bist, kannst du selbst entscheiden, ob du Ausbildung und Schule abschließen willst oder nicht. Bis zu diesem Zeitpunkt haben deine Erziehungsberechtigten ein gewichtiges Wörtchen mitzureden.

### Ab wann kann ich von zu Hause ausziehen?

Mit 18. Denn dann bist du volljährig und die sogenannte »elterliche Gewalt« erlischt. Mit 18 kannst du Aufenthaltsort, Beruf und Arbeitsplatz frei wählen. Bis zu deiner Volljährigkeit ist gegen den Willen deiner Eltern nichts zu machen, wenn du von zu Hause ausziehen willst. Sie können dich sogar notfalls von der Polizei zurückholen lassen. Weigerst du dich allerdings standhaft, bei ihnen zu wohnen, wird ein Jugendrichter über dein Schicksal entscheiden.

Ob dir das Wohnen bei deinen Eltern zugemutet werden kann, hängt von den Umständen ab. Nur in schwerwiegenden Fällen wie zum Beispiel Misshandlung oder drohender Verwahrlosung kann deinen Eltern das Aufenthaltsbestimmungsrecht abgesprochen werden. Vielleicht ist bei dir eine Situation gegeben, in der die Menschen, die dir Schutz, Halt und Sicherheit geben sollten, all dies vorenthalten. Dann solltest du mit einem Lehrer, einem Pfarrer oder einem Sozialarbeiter über deine Lage sprechen. Sie sind dazu da, dir zu helfen.

Woran du denken solltest: Von zu Hause ausziehen heißt, total auf eigenen Beinen stehen. Sich um alles selbst kümmern müssen. Den Alltag selbst organisieren. Klamotten waschen, Wohnung sauber halten, schauen, dass der Kühlschrank voll ist, Miete, Licht und Strom zahlen. Das alles kostet Zeit und Geld.

Es ist doch manchmal auch ein beruhigendes Gefühl, wenn man weiß, dass da jemand ist, der noch die schützende Hand über einen hält. Man braucht Eltern länger, als man es ihnen und sich selbst gegenüber zugeben möchte. Dieses »Brauchen« ist übrigens mit der Pubertät meist längst noch nicht vorbei. Das Wissen, immer einen Platz zu haben, an den man zurückkehren kann – eben das Elternhaus –, kann für einen Menschen ungeheuer wichtig sein.

## Papa hat eine Freundin – wie geht's mit unserer Familie weiter?

Väter haben für Töchter in der Pubertät eine besondere Bedeutung. Er ist dein Vorbild, oft ist der Vater für die kleine Tochter die erste »Liebe« (»Ich heirate mal den Papa ...«). Mädchen beziehen zu einem großen Teil ihr Selbstbild als Frau über den

Vater. Er ist der erste Mann im Leben seiner Tochter, der ihr das Gefühl gibt, wichtig zu sein, indem er ihr Aufmerksamkeit schenkt, oder unwichtig zu sein, indem er sich nicht um sie kümmert. Das wiederum hat Einfluss darauf, welchen Stellenwert sie sich in ihren späteren Beziehungen zu Männern zuschreiben.

Nun erfährst du also, dass dein Vater eine Freundin hat. Dazu ein paar grundsätzliche Gedanken: In unserer Zeit wird es zunehmend schwerer, an der Seite eines Menschen durchs ganze Leben zu gehen. Immer mehr Ehen werden geschieden, wofür es tausend Gründe gibt. Und niemals ist nur eine Seite schuld, wenn eine Ehe zerbricht.

In einer Krise neigen wir alle dazu, eigene Interessen über alles zu stellen und die Belange der anderen zu übersehen. Das wird vielleicht jetzt auch deinem Vater so gehen. Er plagt sich mit Gewissensbissen, Schuld- und Schamgefühlen herum. Die Auseinandersetzung mit deiner Mutter, das Hin- und Hergerissensein – das alles macht ihm zu schaffen. Da wird dann gebrüllt oder geschwiegen, einander aus dem Weg gegangen oder gelogen.

Für dich im Vordergrund stehen Wut, Enttäuschung und die bittere Erkenntnis, dass dein Vater ein Mensch mit Fehlern und Widersprüchen ist. Das alles zu verkraften kostet Zeit. Gib sie dir. Und gib sie deinem Vater. Wenn du kannst, sprich mit ihm über deine Gefühle, aber verurteile ihn nicht. Verzichte auf Erpressungsversuche, Drohungen und Ähnliches. Dies hier ist eine Sache zwischen den Erwachsenen, denen du aber ohne Weiteres sagen und zeigen solltest, wie betroffen du bist.

## Meine Eltern wollen sich trennen – und jetzt?

Jeder Mensch hat eine tiefe Urangst davor, verlassen und nicht geliebt zu werden. Diese Angst tritt in extremen Situationen wie Tod, Trennung oder Scheidung besonders stark zutage. Viele Kinder und Jugendliche fühlen sich schuldig an der Trennung ihrer Eltern. Untersuchungen zeigen, dass etwa die Hälfte der Kinder so denkt. Aber eines kann ich dir mit absoluter Sicherheit sagen: Du kannst nichts für das Auseinandergehen der Erwachsenen. Du hast keine Schuld. Rede dir das auf gar keinen Fall ein.

Vermutlich hast du aufgrund deiner Ohnmacht eine ziemliche Wut, die sich teilweise direkt gegen die Eltern richtet, vor allem gegen den Elternteil, den du für »schuldig« hältst. In dir kommt jetzt auch Trauer darüber auf, dass es wohl endgültig vorbei ist. Wie viel Porzellan auch immer zerschlagen wurde: In jeder Krise steckt eine Chance. Sie lässt Menschen neue Wege gehen. Und vielleicht schaffen sie in einem neuen Anlauf etwas, was sie bisher nicht geschafft haben. Nach jedem Scheitern ist der Weg frei für etwas Neues, auch wenn jetzt noch niemand weiß, wie das einmal aussehen wird. Und nicht zuletzt gilt: Scheidungen lehren Kinder, sich auch besser auf ihre eigenen Partnerschaften vorzubereiten und mit wachen Augen zu beobachten, um später (hoffentlich) nicht die gleichen Fehler zu machen wie ihre Eltern.

Auf alle Fälle brauchst du jetzt Menschen, mit denen du dich austauschen kannst. Vielleicht hast du Freunde oder Klassenkameraden, die eine solche Situation schon hinter sich haben. Sie können dir gewiss den ein oder anderen Tipp geben. Auch Beratungsstellen, Therapeuten oder kirchliche Stellen können jetzt weiterhelfen. Ein paar Adressen findest du am Ende des Buches.

### Die Eltern sind geschieden – was tun?

Jede grundlegende Veränderung der Lebensverhältnisse hat für uns Menschen etwas Bedrohliches. Deswegen hast du jetzt vermutlich auch große Sorgen und fragst dich: Wie oft sehe ich den Elternteil, der nicht mehr bei uns zu Hause wohnt? Wo werden wir wohnen? Werden wir künftig genug Geld haben für Essen und Miete?

Ist die Scheidung über die Bühne, kommt häufig als erste Reaktion: »Mir geht's gut. Es ist alles okay. Vielleicht ist es das Beste für uns alle.« Das klingt gut, aber im Inneren fühlst du dich wahrscheinlich ganz anders. Man nennt so etwas Verdrängung. Wer etwas verdrängt, gibt nicht zu, dass es wahr ist. Verdrängung ist eine normale Reaktion, solange sie nicht zum Dauerzustand wird. Denn irgendwann muss man der Realität ins Auge sehen und zugeben: »Meine Eltern sind geschieden. Das ist eine Tatsache. Und sie tut weh.«

Die typische Reaktion auf diese Erkenntnis kann Wut sein: »Warum tun meine Eltern mir das an? Damit machen sie mein ganzes Leben kaputt! Warum lässt Gott das zu?« … und ähnliche

Fragen mehr. Jeder geht anders mit Wut um. Ärger und Wut sind normal. Sie konstruktiv zu nutzen befreit und trägt dazu bei, Probleme zu lösen.

Wer aber diese Gefühle nicht kontrollieren kann, belastet sich und andere und verschlimmert die Situation. Wird man mit Verdrängung oder Ärger nicht fertig, droht zum Beispiel eine sogenannte Depression. Man hat scheinbar keine Hoffnung mehr und weiß nicht mehr, was man tun soll. Der Tiefpunkt ist erreicht. Depression ist, wenn sie länger anhält, eine Krankheit. Wenn deine Trauer nicht vorübergeht, dann brauchst du therapeutische Hilfe, erst recht, wenn du zu Selbstmordgedanken neigst. Dann solltest du unbedingt mit einem Seelsorger oder Therapeuten sprechen.

Das Licht am Ende des Tunnels heißt: »Ich nehme die Situation an! Ich akzeptiere sie, wie sie ist.« Auch wenn es schwer wird, dein Leben wieder zu ordnen: Es kann nur vorwärtsgehen.

## Zu wem komme ich nach der Scheidung?

Jetzt, nach der Scheidung, geht es um die ganz konkrete Frage, wer das Sorgerecht erhält. Das Gericht überprüft diese Regelung nach Kriterien wie: Was ist der Wunsch des Kindes? Wer kann das Kind besser betreuen? Wer ist besser zur Erziehung geeignet? Kann die gewohnte Umgebung beibehalten werden? Die bei der Scheidung getroffene Regelung ist übrigens nicht unwiderruflich. Das Familiengericht kann seine Anordnung jederzeit ändern, wenn dies in deinem Interesse erforderlich ist.

Bist du älter als 14, wirst du vom Gericht vor der Entscheidung über das Sorgerecht und den künftigen Aufenthalt angehört.

Du kannst einen eigenen Vorschlag machen, dem der Familienrichter aber nicht unbedingt folgen muss. Bist du unter 14 Jahren, sollst du dann vor Gericht angehört werden, wenn deine »Bindungen, Neigungen oder dein Wille für die Entscheidung von Bedeutung sein können«, wie es in der Amtssprache heißt.
Normal ist heute das gemeinsame Sorgerecht. Doch auch wenn die elterliche Sorge nur einem Elternteil übertragen wurde, dann ist der andere Elternteil zwar von Fragen der Erziehung ausgeschlossen, hat aber in aller Regel ein sogenanntes Umgangsrecht, auch als Besuchsrecht bekannt. Er hat damit das Recht, die Kinder regelmäßig zu sehen. In Deutschland wird in den meisten Fällen der Mutter das Sorgerecht zugesprochen und der Vater erhält das Umgangsrecht. Auf dieses Recht kann man weder verzichten, noch kann man es verlieren.

# KAPITEL 2

*Kein Buch mit sieben Siegeln:
Du und dein Körper*

## Der kleine Unterschied – warum gibt es überhaupt Mädchen und Jungen?

Dafür sind die Chromosomen zuständig. Wenn die Erbanlagen der Eltern verschmelzen, kommen 23 Chromosomen von der Mutter und 23 Chromosomen vom Vater zusammen und bilden die genetische Information, die das neue Wesen benötigt. Die Chromosomen sind winzige, fadenartige Strukturen im Kern jeder Zelle. Auf ihnen sind die Erbinformationen in zahlreichen Abschnitten, den Genen, organisiert. Alle Eizellen tragen X-Chromosomen, die Samenzellen tragen X- oder Y-Chromosomen. In dem Moment, in dem das Spermium die Eizelle befruchtet, entscheidet sich bereits, ob das Kind ein Junge oder ein Mädchen wird, je nachdem, welche Samenzelle das Rennen macht. Die Chromosomen 1 bis 22 sind genau gleich, das 23. Chromosomenpaar aber bestimmt das Geschlecht. Bei einem Mädchen besteht dieses Paar aus zwei X-Chromosomen, bei einem Jungen aus einem X-Chromosom und einem Y-Chromosom.

## Wie verschieden sind eigentlich Jungen und Mädchen?

Die Geschlechtsmerkmale machen den Unterschied zwischen Mädchen und Jungen aus. Diese Erkennungszeichen kannst du in drei Gruppen unterteilen: die angeborenen primären und sekundären Geschlechtsmerkmale und die erworbenen Geschlechtsmerkmale. Die primären Geschlechtsmerkmale sind von Anfang an seit deiner Geburt vorhanden und dienen direkt der Fortpflanzung, wie zum Beispiel Penis und Hodensack beim Jungen, Scheide und Schamlippen beim Mädchen. Die sekundären lassen sich noch etwas Zeit und entwickeln sich erst in der Pubertät. Das sind beim Mann der Bartwuchs und die tiefe Stimme, bei der Frau die Brüste und bei beiden die Schambehaarung. Zu den erworbenen Geschlechtsmerkmalen gehören Kleidung (Anzüge für Männer, Röcke und Kleider für Mädchen und so weiter), aber auch Haarschnitte und Verhaltensweisen. Was als typisch männlich oder weiblich gilt, hängt aber stark vom jeweiligen Kulturkreis ab, also davon, wo du geboren und aufgewachsen bist.

## Wie sehen die Geschlechtsorgane von Jungen und Mädchen aus?

Beim Mädchen liegen die Geschlechtsorgane im Unterleib, geschützt vom Beckenknochen. Die Scheide ist ihre Verbindung nach außen. Die Scheide kannst du mit einem dehnbaren Schlauch vergleichen. Sie ist vorne am Eingang eng, wird aber innen deutlich weiter. Ihre Öffnung befindet sich zwischen der Harnröhre und dem Darmausgang. Beim Mädchen umgibt die

Scheidenöffnung innen das Jungfernhäutchen, eine weiche, nachgiebige Hautfalte. Außen bedecken die großen und kleinen Schamlippen die Scheidenöffnung. Zwischen den kleinen Schamlippen, vor der Harnröhre, hat die Klitoris ihren Platz. Ihr Daseinszweck ist, dass die Frau sexuell erregt werden kann. Zusammen bilden Schamlippen und Klitoris die Vulva. Sie gehört zu den äußeren Geschlechtsorganen eines Mädchens.

## *Was heißt eigentlich ...*

... **Vulva**? Der Begriff Vulva für die äußeren Geschlechtsorgane der Frau (Schamlippen und Klitoris) hat sich aus dem lateinischen Wort *volva* »Hülle, Gebärmutter« entwickelt.

Am oberen Ende der Scheide, oberhalb des Muttermundes, befindet sich die Gebärmutter. Das ist ein birnenförmiges Organ mit einem kleinen Hohlraum innen. Ihre Wände sind mit Schleimhaut ausgekleidet. Vom oberen Teil der Gebärmutter führen zwei 10 bis 15 cm lange, dünne Schläuche, die Eileiter, zu den beiden Eierstöcken.
Außen am Körper gut erkennbar sind die Geschlechtsorgane des Jungen: der Hodensack mit den Hoden und den Nebenhoden, die sich sichelförmig hinter den Hoden befinden. Die Hoden sind verschieden groß und hängen manchmal schief. Von den Hoden führen die Samenleiter zur Vorsteherdrüse, auch Prostata genannt. In diese Samenleiter münden die Ausführungsgänge der Bläschendrüsen. Die Harnblase liegt über der Vorsteherdrüse. Dort in der Vorsteherdrüse vereinen sich die

Samenleiter mit der Harnröhre. Die Harnröhre führt von der Harnblase durch das Glied (auch Penis genannt) nach außen. Das Glied besteht aus drei Schwellkörpern, die den Penis bei sexueller Erregung aufrichten helfen. Der vordere Teil des Gliedes ist die Eichel, die zum Teil von der Vorhaut bedeckt wird.

## Muss ich mich für meinen Körper schämen?

Nein, du brauchst dich nicht für deinen Körper zu schämen. Du musst dich nicht schämen, wenn du nackt bist, etwa am Strand oder in der Sauna. Sich zu schämen heißt: etwas verbergen, das andere nicht sehen sollen. Wenn ich geklaut habe, ist Scham angebracht, ich schäme mich zu Recht. Ich schäme mich auch dann mit gutem Grund, wenn ich mich nicht dem (begehrlichen oder urteilenden) Blick eines anderen Menschen aussetzen will. Die Scham ist also die unsichtbare Grenze, die meinen ganz persönlichen Bereich umgibt, der niemanden sonst etwas angeht. Diese sogenannte Intimsphäre ist für jeden Menschen wichtig und sollte von anderen unbedingt respektiert werden.
Wir sollen unseren Körper gern haben, sollen glücklich darüber sein, dass wir in einem männlichen oder weiblichen Körper stecken; das darf man auch etwas unterstreichen und zeigen.
Richtige Scham ist gesund; es gibt sie in allen Kulturen der Erde und sie hat kaum mit Kleidung zu tun. In manchen Kulturen sind die Menschen vollständig verhüllt, in anderen fast unbedeckt. Man kann bis zum Hals bekleidet höchst schamlos sein. Und man kann völlig nackt sein und trotzdem mit viel Feingefühl für die Intimsphäre des anderen miteinander umgehen.

Fast alle Menschen haben ein natürliches Schamgefühl. Bloß die »Schamlosen« nicht. Sie kennen die Grenze nicht, nutzen ihre Mitmenschen aus, setzen sich rücksichtslos durch. Schamlosigkeit ist das Kennzeichen der Egoisten.
Ganz in Ordnung ist das verstärkte Schamgefühl, das Jungen und Mädchen in der Pubertät entwickeln. Jeder hat das Recht, seinen Körper nicht zu zeigen.

## Wie funktioniert das eigentlich mit den Hormonen?

Jedes Mädchen und jeder Junge hat sein ganz persönliches Entwicklungstempo. Wie kommt das?
Dein Körper folgt seiner eigenen »inneren Uhr«. Bestimmte Bereiche im Gehirn bewirken, dass in den Eierstöcken Hormone produziert werden. Hormone sind Botenstoffe, die im Blut zirkulieren und über ihre chemische Struktur Nachrichten übermitteln. Allmählich steigt der Hormonspiegel in deinem Blut an und löst damit den Beginn deiner Pubertät aus. Niemand kann konkret vorhersagen, wann deine Hormone »erwachen«. Wahrscheinlich beeinflussen Vererbung und Lebensbedingungen das Ganze. Du brauchst dir also keine Gedanken zu machen, wenn deine Freundinnen schon weiter sind als du.
In der Pubertät verursacht zum Beispiel das Wachstumshormon die Wachstumsschübe, die Geschlechtshormone lösen die Geschlechtsreife aus. Beim Jungen heißen sie Androgene, davon ist Testosteron das wichtigste männliche Geschlechtshormon. Sie geben das Startsignal für die Entwicklung von Hoden, Prostata, Penis und für die Samenbildung. Sie sorgen für Behaarung, tiefe Stimme, typisch männliche Fettverteilung und männliches Auftreten.

Ein Junge hat fünf bis sieben Testosteronschübe am Tag. Zuerst werden die Hoden größer (zwischen 10 und 13½ Jahren), dann wachsen die Schamhaare und der Penis (um 14 Jahre), schließlich folgen Stimmbruch und die Bildung reifer Samenzellen.

Die weiblichen Geschlechtshormone, die vor allem in den Eierstöcken gebildet werden, heißen Östrogene und Progesteron. Sie verursachen den Eisprung und bereiten die Gebärmutter auf eine mögliche Schwangerschaft vor. Sie sind dafür zuständig, dass Mädchen während der Pubertät ihre Periode, einen Busen, weibliche Behaarung und Fettverteilung bekommen. Bei den Mädchen beginnt zunächst die Gebärmutter zu wachsen, danach entwickeln sich die Brust und die Schambehaarung (im Alter zwischen 8 und 14 Jahren). Die erste Regelblutung bekommen die meisten Mädchen zwischen 10 und 16 Jahren.

## Wie funktioniert die Vagina?

Die Vagina ist ein 8 bis 11 cm langer, dehnbarer Muskelschlauch im Unterleib des Mädchens, der vom Gebärmutterhals nach außen führt. Am Eingang ist sie eng, nach innen weitet sie sich. Ihre Öffnung liegt zwischen der Harnröhre und dem Darmausgang. Bei Mädchen, die noch keinen Geschlechtsverkehr hatten, ist das äußere Ende der Scheide meistens vom Jungfernhäutchen, dem Hymen, umgeben. (Dabei bleibt immer eine Öffnung, durch die Scheidenabsonderungen und Menstruationsflüssigkeit abfließen können.) Die Scheide ist für die weiblichen Geschlechtsorgane die Verbindung nach außen, deshalb fließt aus ihr auch das Regelblut und wenn ein Baby geboren wird, nimmt es seinen Weg durch den elastischen Scheidenkanal. Zur Zeit der ersten Regel ist das Hymen meistens schon so weich und nachgiebig, dass auch Mädchen, die noch Jungfrau sind (d. h.: noch nicht mit einem Mann geschlafen haben) problemlos Tampons verwenden können.

> **Was heißt eigentlich ...**
>
> ... **Vagina**? Das ist ein anderes Wort für Scheide. Das lateinische Wort *vagina* bezeichnet die Scheide eines Schwertes und wurde auf die Scheide der Frau übertragen.

Die Scheidenwände sind mit einer feuchten, gefälteten Schleimhaut ausgekleidet, die bei sexueller Erregung noch feuchter wird. Beim Geschlechtsverkehr nimmt die Scheide den erigierten Penis auf. Sie passt sich seiner Form und Größe an, indem sie sich dehnt. Glied und Scheide passen zusammen wie Schlüssel und Schloss.

## Was geschieht mit einer Frau, wenn sie ihre Menstruation hat?

Bereits von Geburt an hat jedes Mädchen ungefähr 400 000 Eizellen in seinen Eierstöcken. Doch erst wenn ein Mädchen in die Pubertät kommt, beginnt ihre Menstruation.
In den Eierstöcken wächst etwa alle vier Wochen ein Ei-Bläschen (Follikel) heran, das eine Eizelle umschließt. Wenn die Eizelle ausgereift ist – etwa in der Mitte des Vier-Wochen-Zy-

klus —, platzt das Ei-Bläschen und die Eizelle wird vom Eierstock an den Eileiter weitergegeben: Diesen Vorgang nennt man Eisprung oder Ovulation. Nur in den 12 bis 18 Stunden nach dem Eisprung kann eine Eizelle von einer männlichen Samenzelle befruchtet werden und wandert dann durch den Eileiter zur Gebärmutter.

*Was heißt eigentlich …*

… **Menstruation**? Das Wort Menstruation kommt vom lateinischen Wort *mensis* für Monat und bezeichnet die regelmäßige Monatsblutung einer Frau. Häufig sagt man aber auch, dass eine Frau ihre Regel, ihre Periode oder ihre Tage hat.

Die Gebärmutter war unterdessen nicht untätig und hat sich zum Beispiel mithilfe der Östrogene und – nach dem Eisprung – des Progesterons aus den Eierstöcken auf die Aufnahme einer befruchteten Eizelle vorbereitet. Die Gebärmutterschleimhaut würde dann das »Nest« für sie abgeben. Dazu ist sie dicker geworden, hat sich mit Blutgefäßen und Nährstoffen angereichert. Findet keine Befruchtung statt, löst sich die Eizelle auf und verschwindet unbemerkt. Der Eierstock beendet nun seine Progesteronproduktion.
In der Gebärmutterschleimhaut, dem Eibett, das jetzt nicht mehr gebraucht wird, lösen sich deshalb ungefähr zwei Wochen nach dem Eisprung die obersten Schichten. Dabei blutet es. Dieses Blut fließt zusammen mit der abgelösten Schleimhautschicht durch die Scheide nach außen: Das ist die Menstruation.

Jetzt wiederholt sich der ganze Vorgang, ein neuer Zyklus (vom griechischen Wort *kyklos* = Kreis) von rund vier Wochen beginnt: Die oberen Schichten der Gebärmutterschleimhaut bauen sich sofort wieder auf. Eine neue Eizelle reift in einem der beiden Eierstöcke heran. Bei Mädchen zwischen 11 und 17 Jahren kann die Regel noch in sehr unregelmäßigen Abständen kommen. Nur ungefähr eines von drei Mädchen hat bereits einen regelmäßigen Zyklus. Manchmal dauert es bis zum 20. Lebensjahr, bis sich die Hormone aufeinander eingespielt haben.

Im Durchschnitt rechnet man mit einem Zyklus von 28 Tagen. Er ist aber von Mädchen zu Mädchen und von Frau zu Frau verschieden und kann auch 26 Tage kurz oder sogar 34 Tage lang sein. Ein Zyklus beginnt immer am ersten Tag der Periodenblutung und endet am letzten Tag vor der nächsten Menstruation. Stress, Diäten oder Leistungssport können den Zyklus ins Schwanken bringen oder gar das Ausbleiben der Tage bewirken. Der Zyklus ist ein sehr sensibles Messgerät für die körperliche Verfassung der Frau.

Manchmal ist das Ziehen im Unterleib während der Regel schmerzhaft. Dann kannst du eine Wärmflasche auflegen oder ein entspannendes Bad nehmen, denn Wärme hilft, die Verkrampfung der Gebärmuttermuskulatur zu lösen. Auch Sport tut manchen Mädchen gut. Falls die Schmerzen besonders stark sind, kann deine Mutter oder der Arzt dir ein schmerzlinderndes Medikament geben.

Viele Mädchen verwenden zuerst eine Binde, um die Menstruationsflüssigkeit aufzufangen. Sie wird in den Slip geklebt und fängt das Blut auf, wenn es aus der Scheide herausfließt. An der Luft trocknet das Blut dann und riecht manchmal unangenehm. Deshalb solltest du dich regelmäßig waschen und die Binde mehrmals am Tag wechseln. Die gebrauchte Binde packst du am besten in Toilettenpapier ein oder in die Plastikfolie der neuen Binde und wirfst sie in einen Toiletteneimer.

Eine andere Möglichkeit, das Menstruationsblut aufzufangen, sind Tampons. Sie bestehen aus gepresster Watte und es gibt sie in mehreren Größen. Du führst den Tampon je nach Marke mit dem Finger oder einer Einführhilfe in deine Scheide ein. Dort saugt er das Menstruationsblut auf, bevor es aus der Scheide herausfließt. Mit einem Rückholbändchen, das am Tampon befestigt ist und aus der Scheide hängt, kannst du den vollgesogenen Tampon wieder herausziehen. Wie oft der Tampon gewechselt wird, hängt ganz von der Stärke der Blutung ab. Du kannst ihn zwischen drei und acht Stunden tragen.

## Wieso wachsen mir plötzlich Brüste?

Die Brüste wachsen dir nicht so plötzlich, wie du vielleicht glaubst. Die weiblichen Geschlechtshormone geben das Startsignal und um das zehnte Lebensjahr herum beginnt das Wachstum der Brüste. Zunächst tritt nur die Brustwarze hervor, dann vergrößert sich der Warzenhof und das Brustgewebe wölbt sich. Du kannst dabei manchmal ein Spannungsgefühl in den Brüsten spüren, die sich im Verlauf der Pubertät immer weiter entwickeln.

## Wann bekommt man seine erste Regel?

Mädchen bekommen ihre erste Periode zwischen dem 11. und 14. Lebensjahr. Das ist das Zeichen der einsetzenden Geschlechtsreife. Die erste Periodenblutung heißt Menarche. Nach

vier bis sieben Tagen hört die Blutung wieder auf. Ab diesem Zeitpunkt bekommst du deine Menstruation jeden Monat. In deinem Leben werden das 400 bis 500 Regelblutungen sein.
Während der Periodenblutung wird die Gebärmutterschleimhaut zusammen mit Blut der Gebärmutter abgestoßen. Durchschnittlich werden nur um die 65 ml Flüssigkeit ausgeschieden, etwa eine halbe Tasse. Die Blutung tritt aus der Scheide aus. Häufig siehst du das Blut im Slip oder auf dem Toilettenpapier. Die Menstruation hat nichts mit Krankheit zu tun, das Menstruationsblut ist genauso »sauber« wie das übrige Körperblut.
Damit du auf die erste Regel vorbereitet bist, solltest du in der Schultasche immer eine verpackte Monatsbinde oder Tampons dabei haben. Wenn du eine glasigweißliche Absonderung aus der Scheide im Slip bemerkst – das ist meistens ein bis zwei Jahre vor der ersten Menstruation –, weißt du, dass deine Geschlechtsorgane zu arbeiten beginnen. Sollte dieser »Weißfluss« zu stark werden, kannst du eine Slipeinlage verwenden.

## Warum fühle ich mich vor der Periode oft mies?

Die Menstruation ist zwar keine Krankheit, doch fühlen sich viele Frauen nicht nur während ihrer Periode unwohl, sondern schon einige Tage zuvor. Sobald die Periode einsetzt, geht es ihnen wieder besser. Diese Beschwerden in den »Tagen vor den Tagen« nennt man prämenstruelles Syndrom oder PMS. Davon betroffen sind besonders erwachsene Frauen über dreißig.

*Was heißt eigentlich …*

**… PMS?** PMS ist die Abkürzung für prämenstruelles Syndrom. »Prämenstruell« bedeutet »vor der Menstruation«. Als Syndrom (vom griechischen Wort *syndromé* = Zusammenlaufen) bezeichnet man eine Gruppe gemeinsam auftretender Krankheitsanzeichen.

Frauen, die unter PMS leiden, spüren ein körperliches Unbehagen wie Kopfschmerzen, Spannungsgefühle in den Brüsten oder ein Völlegefühl. Im Gesicht blühen mehr Pickel als sonst, und die Haare wollen sich gar nicht so recht stylen lassen. Oft sind Frauen vor der Periode auch seelisch nicht im Gleichgewicht. Die typischen Anzeichen sind depressive Stimmungen und Reizbarkeit.

Einer der Gründe für die prämenstruellen Beschwerden sind Wassereinlagerungen im Körper, deshalb ist an diesen Tagen alles gut, was entwässert: Brennnessel-, Birkenblätter- oder andere Tees, Vollkornreis, Äpfel und Lebensmittel mit viel Magnesium und Vitamin E.

## Ab wann kann ich schwanger werden?

Mädchen, die bereits ihre Periode haben, sind fruchtbar. Auch in sehr jungem Alter und schon beim ersten Geschlechtsverkehr könntest du also schwanger werden, wenn du ungeschützt bist. Ein Junge ist von dem Moment an zeugungsfähig, an dem er seinen ersten Samenerguss hatte. Das bedeutet, dass er vom ersten Samenerguss an ohne zuverlässige Verhütungsmaßnahmen ein Kind zeugen kann.
Auch wenn nun dein Körper so »erwachsen« ist, dass du bereits schwanger werden und ein eigenes Kind bekommen könntest: Gehe mit dieser neuen Fähigkeit vorsichtig und achtsam um. Deine seelische Entwicklung braucht noch viel Zeit und Kraft, die du ihr auch geben solltest.

## Wie funktioniert der Penis?

Der Penis ist das äußerlich sichtbare Geschlechtsorgan des Mannes, sein Glied. Er besteht aus dem Schaft, der wie ein Rohr geformt ist, und der Eichel an der Spitze. Die Eichel ist von vielen Nerven durchzogen und der empfindlichste Körperteil des Mannes. Sie liegt unter der Vorhaut versteckt. Größe und Länge des Penis sind von Junge zu Junge, von Mann zu Mann unterschiedlich. Ob ein Mann eine Erektion oder einen Orgasmus bekommen und eine Frau sexuell befriedigen kann, ist übrigens von Größe und Länge nicht abhängig. Im Inneren des Penis führt die Harnröhre zur Spitze der Eichel, damit Urin und Samenflüssigkeit nach außen fließen können.
Zum größten Teil besteht das Glied aus lockerem Bindegewebe, in dem sich die Schwellkörper befinden. Bei sexueller Erregung

füllen sich diese Schwellkörper mit Blut. Dadurch bewirken sie, dass sich das Glied versteift: Das ist dann die Erektion. Der weiche und kleine Penis richtet sich dabei aus seiner normalen, hängenden Lage auf, wird härter und größer als sonst.

> *Was heißt eigentlich …*
>
> … **Penis**? Das lateinische Wort *penis* bezeichnet das männliche Glied. Ein anderer Begriff ist Phallus (vom griechischen Wort *phallós).*

Urin und Samenflüssigkeit können sich übrigens nicht vermischen. Das Wasserlassen ist nur bei erschlafftem Penis möglich; umgekehrt findet der Samenausstoß nur in steifem Zustand statt. Weil sich bei einer Erektion der Blasenhals schließt, kann kein Urin gleichzeitig ausfließen.

## Was ist eine Ejakulation?

Zwischen den Beinen des Jungen hängen im Hodensack die eiförmigen Hoden herunter. In ihrem Inneren befinden sich die Samenkanälchen, in denen die Samenzellen heranreifen. In dieser kleinen Fabrik wird von der Pubertät an bis ins hohe Alter ständig Samen produziert. Bei Jungen gibt es nämlich keinen Zyklus wie bei Mädchen.
Die Entwicklung der Samenzellen im Hoden ist eine ziemlich komplizierte Angelegenheit. Nachdem sie verschiedene Entwicklungsstufen durchlaufen haben, sind nach etwa drei Mona-

ten reife Samenzellen entstanden, die mit Kopf, Mittelstück und Schwanz einer winzigen Kaulquappe ähneln. Der Kopf enthält den Zellkern mit allen Erbanlagen, der Schwanz dient zur Fortbewegung.

Hinter den Hoden liegen, geformt wie eine Mondsichel, die Nebenhoden, sie speichern die Samenfäden. Von den Nebenhoden führen die Samenleiter zur Harnröhre. Durch diesen Gang werden die Samenfäden beim Orgasmus, dem sexuellen Höhepunkt, hinausgeschleudert. Diesen Vorgang nennt man Samenerguss oder Ejakulation.

## *Was heißt eigentlich ...*

**... Ejakulation?** Diese Bezeichnung für den Samenerguss kommt vom lateinischen Wort *eiaculare* hinauswerfen.

**... Sperma?** Der Begriff (vom griechischen Wort *spérma* = Same, Keim) bezeichnet die Samenflüssigkeit.

Was passiert da genau? Die Muskulatur des Samenleiters zieht sich ganz stark zusammen, die Samenzellen oder Spermien werden in die Harnröhre befördert. Jetzt kommt noch aus der Prostata und den Samenbläschen eine Flüssigkeit dazu, die die Samenzellen in Bewegung bringt und ernährt. Das ist das weißliche, gallertartige Sperma. In rhythmischen Bewegungen werden die Samen dann aus der Harnröhre herausgespritzt, zwischen 200 und 500 Millionen Samenzellen pro Samenerguss.

## Bin ich pervers, wenn ich mich selbst befriedige?

Nein. Pervers bist du nicht, wenn du dich selbst befriedigst. Selbstbefriedigung (auch Onanie oder Masturbation genannt) ist deine erste Übung, um herauszufinden, was dir Lust bereitet. Du beschäftigst dich ganz mit dir allein und bereitest dir angenehme Gefühle. Du berührst deinen ganzen Körper und hast dabei erotische Fantasien. Das tun Mädchen genauso wie Jungen (und auch Erwachsene). Die Pubertät ist für viele Jugendliche mit seelischen und körperlichen Spannungen verbunden, sodass sie versuchen, auf diese Weise Dampf abzulassen. Das ist normal und auch in Ordnung.

*Was heißt eigentlich ...*

... **Masturbation**? Die Wörter Masturbation (vom lateinischen Wort *masturbari*) und Onanie (nach dem biblischen Namen Onan) bezeichnen die sexuelle Selbstbefriedigung.

Trotzdem lohnt es sich, darüber nachzudenken, weshalb du dich selbst befriedigst. Weil es schön ist, dich ruhig macht und entspannt? Dann ist Selbstbefriedigung ein nützliches und selbstverständliches Ausleben deiner Natur.

Oder masturbierst du, weil du damit Konflikte lösen willst – sozusagen als Ablenkung vom eigentlichen Problem? Wird die Selbstbefriedigung für dich immer dann zu einem Muss, wenn du Schwierigkeiten hast oder dich in kritischen Situationen befindest, dann solltest du etwas ändern. Denn so isolierst du dich zu sehr und kannst dich unter Umständen immer schwerer anderen Menschen öffnen.

## Was geschieht beim Frauenarzt?

Es gibt keine Regel, wann du den ersten Besuch beim Gynäkologen vereinbaren solltest. Empfohlen wird er aber vor dem 18. Geburtstag. Auch Mädchen, die keinen Geschlechtsverkehr haben, können jederzeit einen Frauenarzt oder eine Frauenärztin aufsuchen. Vielleicht fällt es dir leichter, zuerst zu einer Ärztin zu gehen – deine Mutter oder deine Freundin können dir sicher jemanden empfehlen. Oder du begleitest einmal deine Mutter, wenn sie zur Frauenärztin geht.
Viele Frauenärztinnen und -ärzte bieten eine Teenager-Sprechstunde an. Da kannst du dich mit dem Arzt unterhalten und spezielle Fragen stellen, ohne dass er dich untersucht. Die Frauenärztin ist deine beste Beraterin in Sachen Schwangerschaftsverhütung. Zu der Sprechstunde kannst du auch deinen Freund mitbringen.
Du musst unbedingt zur Frauenärztin gehen, wenn du Schmerzen im Unterbauch hast, Jucken und Brennen im Scheidenbereich und in der Schamgegend spürst, auffälligen Ausfluss aus der Scheide oder Veränderungen an den Brüsten feststellst. Außerdem solltest du den Arzt oder die Ärztin aufsuchen, wenn dein Zyklus sehr unregelmäßig ist oder du mit 15 oder 16 Jahren noch keine Periode hattest.
Für einen Besuch beim Frauenarzt oder bei der Frauenärztin musst du mit der Praxis einen Termin vereinbaren. Am Beginn steht ein ausführliches Gespräch. Deshalb ist es sinnvoll, dir vorher aufzuschreiben, was du wissen möchtest.

Auch dir werden Fragen gestellt, auf die du dich vorbereiten kannst: Wann hattest du zum ersten Mal deine Regelblutung? Wann war deine letzte Periode? Bekommst du die Periode pünktlich oder eher unregelmäßig? Welche Krankheiten hattest du bisher? Wurdest du schon einmal operiert? Hattest du schon einmal Geschlechtsverkehr? Hast du zurzeit Beschwerden?

Erst dann kommt die Untersuchung. In jeder Praxis läuft das ein wenig anders ab. Entweder du gehst dazu in ein spezielles Untersuchungszimmer oder wirst gleich im Sprechzimmer untersucht. Hinter einem Wandschirm oder in einer Kabine ziehst du Rock oder Hose, Strumpfhose und Slip aus. Dann nimmst du auf dem gynäkologischen Stuhl Platz. Das ist eine Art aufrechte Liege, auf der du auf dem Rücken liegst und deine Beine auf Halter spreizt, die links und rechts am Stuhl befestigt sind. Selbst wenn du dich etwas unwohl fühlst: Auf keinen Fall brauchst du dich während der Untersuchung vor dem Frauenarzt oder der Frauenärztin zu schämen! Gynäkologen sehen jeden Tag viele Mädchen und Frauen. Das ist ihr Beruf und für sie ganz selbstverständlich und normal!

Die Ärztin stellt oder setzt sich vor den Stuhl und sieht sich zunächst Schamlippen und Scheideneingang an, danach untersucht sie deine Scheide. Dazu benutzt sie einen Scheidenspiegel (auch Spekulum genannt). Das ist ein ganz schmales Instrument, das die Ärztin in deine Scheide einführt, damit sie Scheidenwände, Gebärmutterhals und Muttermund sehen kann. Wenn du noch Jungfrau bist, werden sehr kleine Instrumente verwendet, die tun dir nicht weh. Aus der Scheide entnimmt die Ärztin etwas Scheidensekret, um es unter dem Mikroskop auf Infektionen zu untersuchen. Vom Gebärmutterhals wird dann mit einem Wattestäbchen der sogenannte Krebsabstrich entnommen. Bei der anschließenden Tastuntersuchung werden

Lage und Größe der Gebärmutter und der Eierstöcke untersucht. Dabei führt die Ärztin einen Finger vorsichtig in deine Scheide ein und tastet mit der anderen Hand den Unterleib ab. Du kannst die Ärztin ruhig bitten, dir während der Untersuchung zu erklären, was sie gerade macht.

Die Brustuntersuchung dient der Brustkrebs-Früherkennung. Sollte die Ärztin deine Brust untersuchen, tastet sie beide Brüste und die Achselhöhlen vorsichtig nach knotenartigen Veränderungen ab. Sie informiert dich auch darüber, wie du deine Brüste selbst untersuchen kannst.

Die gesamte körperliche Untersuchung dauert nicht länger als vier bis fünf Minuten; dann kannst du dich schon wieder anziehen. Danach wird dir erklärt, was die Untersuchung ergeben hat, ob alles in Ordnung ist oder ob eine Behandlung notwendig ist.

# KAPITEL 3

*Body & Soul:*
*Von Körperkult und Körperkultur*

## Wie werde ich eigentlich richtig cool?

Cool bist du immer dann, wenn du dich auf dich selbst verlässt und deine eigenen Vorstellungen entwickelst. Das heißt, du schlitterst nicht in Abhängigkeiten oder heikle Situationen hinein, nur weil deine Clique das schick findet oder weil du unbedingt dazu gehören willst. Es ist schon so: Wer »in« ist, steht im Zentrum der allgemeinen Aufmerksamkeit und ist gefragt. Hier ein paar Ideen und Vorschläge, die dir helfen können, gesund, fit und »in« zu sein.

Ein wesentlicher Aspekt ist gesundes Leben. Dazu gehört für dich speziell in der Wachstumsphase richtige Entspannung und Ernährung, Stress in Maßen, ausreichend Bewegung, kein Übergewicht, keine Drogen. Was so gut schmeckt wie Chips, Hamburger, Cola, Popcorn, Schokolade, aber auch Weißbrot, enthält viel Zucker, Fett und Kalorien. Es macht schlaff, krank und dick. Deshalb solltest du dich nur ab und zu damit voll schlagen. Vitamine, Mineralstoffe und Ballaststoffe sind eher angesagt. Die machen sich nicht auf der Waage und an deiner Haut bemerkbar, sondern stimulieren dein Wohlbefinden und deine Denkfähigkeit.

Die meisten Leute trinken zu wenig. Dabei gibt es einen einfachen Test, um zu sehen, ob du ausreichend trinkst: Ist dein Harn (Urin) hell, trinkst du genug, ist er dunkel, sollten die Warnlichter angehen. Wenn du schon in jungen Jahren viel Flüssigkeit zu dir nimmst, trainierst du Kreislauf und Stoffwechsel und wirst das ausreichende Trinken auch im Alter nicht vergessen. Statt Cola trinkst du am besten täglich zwei bis drei Liter kalorienarme Getränke wie Mineralwasser, Apfelschorle oder Früchtetee. Alkohol, Heroin, Haschisch, Kokain: Jeder weiß, dass so etwas Schwachsinn ist.

Mit jeder Droge setzt du über kurz oder lang dein Leben aufs Spiel. Und trotzdem leben immer mehr Jugendliche nach dem Motto »Keine Fete ohne Drogen«. Das ist Wahnsinn! In Europa schlucken Mädchen und Jungs in Kneipen und auf privaten Feiern Drogen-Cocktails aus Ecstasy, Kokain und Alkohol. Speziell die Gefährlichkeit von Ecstasy wird ziemlich unterschätzt. Ecstasy, Speed und verwandte chemische Drogen bescheren dir Gemütsveränderungen, Schlaflosigkeit, Gedächtnisstörungen, Halluzinationen und Panikattacken. Über kurz oder lang führt die Partydroge auf direktem Weg in die Psychiatrie. Wenn Drogenprobleme für dich bereits ein Thema sind, solltest du dich unbedingt an eine Drogenberatungsstelle wenden.

## Wie viel Hygiene und Körperpflege müssen sein?

Es heißt, der Körper ist der Übersetzer der Seele ins Sichtbare. Das heißt für dich: Du hast nicht einen Körper, sondern du bist dein Körper. Und dementsprechend bist du auch dafür verantwortlich. Damit du dich rundum wohlfühlst, legst du dir am besten ein ganz persönliches Wellness-Programm zu: regelmäßig duschen und waschen, täglich frische Baumwollunterwäsche und eine saubere Strumpfhose, Strümpfe oder Socken. Extra für den Sport gibt es außerdem Unterwäsche aus speziellen Synthetikmaterialien, die Schweiß rasch nach außen ableiten, sodass der Körper trocken und warm bleibt.

Verwende beim täglichen Duschen eine milde Babyseife oder eine seifenfreie Waschlotion. Eine kurze Dusche ist besser als ein Vollbad, denn vom höheren Wasserverbrauch ganz abgesehen laugen häufige Bäder deine Haut aus und schaden ihrem Säureschutzmantel.

Es ist ganz wichtig, dass du die Hautfalten zwischen den großen und kleinen Schamlippen sorgfältig wäschst, denn dort bilden sich natürliche Ablagerungen. Am besten nimmst du dazu viel warmes Wasser und benutzt deine Hand und die Handdusche, aber keinen Waschlappen. Intimsprays oder Scheidenspülungen sind überflüssig. Damit reizt du nur diese empfindliche Region und förderst Infektionen. Das Innere der Scheide musst und darfst du nicht waschen, denn die Scheide verfügt über ihr eigenes unübertroffenes Selbstreinigungssystem.

Pass auf, dass du beim Waschen und bei der Reinigung nach dem Stuhlgang immer von vorn nach hinten wischst und nicht umgekehrt. Sonst können leicht Darmbakterien in die Scheide geraten.

Nach dem Duschen cremst du dich mit einer frischen Lotion ein. Fertig. Frischer Schweiß ist zunächst geruchlos, erst wenn er durch Bakterien an der Luft zersetzt wird, entsteht ein unangenehmer Geruch. Solltest du damit Probleme haben, besorg dir ein geruchshemmendes Deodorant; da gibt es jede Menge Auswahl. Achte auf hautverträgliche Produkte. Je mehr Alkohol und Duftstoffe enthalten sind, desto größer ist die Gefahr, dass deine Haut mit Rötungen und Brennen reagiert.

Frisch gewaschene Haare sind eine Wohltat. Es gibt mittlerweile milde Shampoos und Pflegespülungen für die tägliche Kopfwäsche. Du musst nur darauf achten, die Haare so lange auszuspülen, bis sie »quietschen«.

Mit einem strahlenden Lächeln gewinnst du schnell die Herzen der anderen. Für gesunde Zähne gilt daher: zweimal täglich putzen, am besten nach dem Essen. Und zweimal im Jahr zum Check beim Zahnarzt. Vielleicht ist ab und zu sogar eine Prophylaxestunde sinnvoll, also eine professionelle Zahnreinigung beim Zahnarzt.

## Was kann ich gegen Pickel tun?

Als Erstes: Auf alle Fälle Finger weg! In deinem Körper ist während der Pubertät eine ziemliche Action angesagt. Zum Beispiel müssen die männlichen und weiblichen Hormone ein richtiges Gleichgewicht finden. Das ist dann die Zeit, während der du unter Pickeln und Mitessern leidest. Die entstehen durch die Entzündung kleiner Talgdrüsen. Wenn du daran herumdrückst, kommt der entzündliche Talg nicht nur nach außen, sondern verteilt sich in tiefere Hautschichten, und das verschlimmert das Ganze. Was man landläufig so als Pickel bezeichnet, heißt beim Arzt Acne vulgaris.

Was du selbst tun kannst:

- Zweimal am Tag dein Gesicht waschen (aber nicht schrubben) und auch immer dann, wenn du geschwitzt hast.
- Eine milde Seife (mit hautfreundlichem pH-Wert um 6,5) verwenden.
- Haare oft waschen und aus dem Gesicht nehmen.

- Nichts ausdrücken!
- Zu viel Sonnenlicht, Wärme oder Kälte vermeiden.

Achte beim Kauf von Feuchtigkeitscremes und anderen Kosmetika – etwa Sonnenschutzmittel – auf den Vermerk »nicht komedogen«. Das bedeutet dann, dass die Produkte keine Pickel verursachen.

Abends reinigst du dein Gesicht mit einem speziellen Reinigungsgel für Aknehaut und eventuell mit einem milden Gesichtswasser ohne oder mit wenig Alkohol.

Ganz wichtig, damit die Pickel verschwinden: Ernähre dich ausgewogen, gesund und abwechslungsreich, trinke viel Wasser, schlafe ausreichend und bewege dich regelmäßig an frischer Luft. Vielleicht ist auch ab und zu ein Besuch bei der Kosmetikerin drin, die dich über richtige Hautpflege informiert.

Wenn du nur geringe Akneprobleme hast, könnten dir Hausmittel wie Hefetabletten oder Kamillendampfbäder helfen. Ein Besuch beim Hautarzt empfiehlt sich bei großen und wunden Pickeln, wenn sich Aknenarben zeigen oder wenn rezeptfreie Arzneimittel keine Besserung bringen.

Eine wichtige Erkenntnis ist außerdem: Wenn du dich wohlfühlst, geht es auch deiner Haut gut. Stehst du seelisch unter Druck und Anspannung, blühen Pickel & Co manchmal geradezu auf. Mach also ab und zu mal eine Pause. Und auch im Prüfungsstress solltest du nicht dauernd vor Nervosität mit den Händen im Gesicht herumfummeln.

## Markenmode oder Schlabberlook?

Kleidung und Haarmode sind dein symbolischer Ausdruck von Freiheit und Individualität. Es geht dabei nicht um Geld, sondern um dein Recht auf den eigenen Geschmack. Nicht darum was, sondern wie du es trägst. Am wichtigsten ist natürlich, dass du vorteilhaft aussiehst und dich wohlfühlst. Wieso solltest du hautenge Rollis, knappe Röcke oder Kleider tragen, wenn dir eigentlich mehr nach Schlabberhemd ist?
Kleidung ist eine Entdeckungsreise mit unbegrenzten Möglichkeiten, weshalb solltest du dich also an eine strikte Kleiderordnung halten, wenn du es nicht willst? Selbst wenn in deiner Clique gerade alle auf eine bestimmte Jeansmarke, auf Designerpullis oder Miniröcke stehen, solltest du dich nicht unter Druck setzen lassen, sondern deine Freiräume nutzen. Hab Mut zum eigenen Stil!

## No sports – oder lieber fit mit Fun?

Bist du fit, hast du mehr Selbstvertrauen und Ausgewogenheit, eine bessere körperliche und geistige Leistungsfähigkeit. Ein knackiger Po, straffe Muskeln oder mehr Beweglichkeit – etwas für Körper, Gesundheit und Wohlbefinden zu tun ist nicht nur trendy, sondern auch gesund. Welche Sport- oder Bewegungsart du bevorzugst, ist eigentlich unwichtig – Hauptsache, sie fördert deine Kraft, Geschmeidigkeit und Leistungsfähigkeit. Tanzen, Schwimmen, Skaten, Snowboarden, Radfahren, Walken: Der richtige Mix bringt Spaß und Power und tut nebenbei auch deiner Seele gut bei Lustlosigkeit oder wenn du gerade ein Stimmungstief hast. Bewegung macht fit und fröhlich.

### Ist Rauchen erotisch?

Nein. Oder hast du schon einmal einen vollen Aschenbecher geküsst? Ja, ja, ein uralter Spruch mit endlos langem Bart – so wie im Grunde alles übers Rauchen längst gesagt ist. Hier trotzdem noch einmal die wichtigsten Fakten:

- Wer raucht, setzt Leben und Gesundheit aufs Spiel. Rauchern drohen unter anderem Bronchitis, Kopfschmerzen, Durchblutungsstörungen, Herzinfarkt und Lungenkrebs.
- Täglich sterben weltweit fast 14 000 Menschen an den Folgen des Rauchens.
- Wer vom Rauchen loskommt, mindert sein persönliches Risiko enorm. Schon einen Tag nach der letzten Zigarette sinkt das Herzinfarktrisiko.

Mit dem Rauchen aufzuhören oder es radikal einzuschränken bringt dir eine Menge. Du fühlst dich viel fitter, sparst viel Geld, deine Klamotten stinken nicht mehr so. Und: Deine Küsse schmecken wieder viel besser.

# KAPITEL 4

*Schnupperkurs:
Der erste Kontakt
zum anderen Geschlecht*

## Wann bin ich reif für eine Beziehung zu einem Jungen?

Mit der Pubertät beginnt die Zeit, in der Mädchen Jungen allmählich mit anderen Augen sehen. Entweder hast du diese Phase schon erreicht oder sie »erwischt« dich früher oder später. Vermutlich waren bis dahin Jungen doof, albern, nervig, kindisch oder einfach nicht beachtenswert. Mit einem Mal findest du sie cool, stark, aufregend, geheimnisvoll. Es gibt da eine ganze Palette von Empfindungen, die du bislang nicht kanntest.
Vielleicht hast du schon so etwas wie einen ersten heimlichen Schwarm, vielleicht sind es auch mehrere, vielleicht gefällt dir sogar beinahe jeden Tag ein anderer Junge – und dennoch bist du ganz einfach noch nicht an einer engeren Beziehung interessiert. Wundere dich nicht, es ist schließlich ganz logisch, dass du dir deiner selbst und deiner Gefühle noch nicht so recht sicher bist, dazu ist das alles ganz einfach noch zu neu und ungewohnt.
Was gerade passiert, ist sozusagen ein erstes Abchecken der eigenen Empfindungen und ein langsames Annähern an das andere Geschlecht. Alles andere kommt schon noch, und du selbst

wirst schließlich mit Sicherheit die Erste sein, die merkt, wann es so weit ist. Irgendwann im Laufe dieser jetzt begonnenen Entwicklungsphase wirst du den einen oder anderen Jungen dann wahrscheinlich doch näher kennenlernen wollen. Oft passiert das in der Clique, man ist also häufig mit mehreren Leuten zusammen. So kann man sich ein wenig »beschnuppern«, man unterhält sich, unternimmt etwas gemeinsam, findet einander vielleicht interessant, kommt sich näher, flirtet vielleicht auch ein bisschen – was genau da nun abläuft, ist von Typ zu Typ verschieden.

Es gibt – auf beiden Seiten – Schüchterne, Draufgänger und solche, die irgendwo dazwischen liegen. Eines Tages entdeckst du dann aber womöglich, dass es dir ein bestimmter Junge ganz besonders angetan hat. Alles an ihm fasziniert dich, deine Gefühle spielen »verrückt«. Da ist dieses »Kribbeln im Bauch«, da schlägt dir das Herz bis zum Hals, wenn du ihn siehst – da bist du also bis über beide Ohren verliebt. Klar, dass du dich jetzt nach seiner Nähe, nach Zärtlichkeiten und Verständnis sehnst. Wann so etwas passiert, kann niemand wissen oder vorhersehen. Planen kann man es schon gleich gar nicht.

## Wie wirke ich auf Jungen?

Da gibt es keine allgemeingültige Antwort. Was der eine süß findet, ist für den anderen albern. Wo du glaubst, selbstsicher zu sein, wirkst du auf dein Gegenüber einschüchternd. Sicherlich fragst du dich manchmal, wie du dich eigentlich in Bezug auf Jungen verhalten sollst: zurückgezogen und ruhig oder kontaktfreudig? Zuhören oder aktiv werden? Offen oder vorsichtig, nachgiebig oder hart sein?

Immer mit der Ruhe. Sei einfach du selbst. Denn nicht nur die ersten paar Sekunden entscheiden, wie du auf den Jungen deiner Träume wirkst. Es ist einfach gut, wenn ihr erst einmal in einer Clique beieinander seid, euch gemeinsam für irgendetwas engagiert, Sport treibt oder als Gruppe eine Fahrt unternehmt. Dabei kommen deine Qualitäten auf natürliche Weise zum Ausdruck, ohne dass du dich besonders produzieren musst.

Natürlich möchtest du gerne einen tollen Eindruck machen. Kein Problem. Für deine optimale Wirkung gibt es nur diese Zauberformel: Du zeigst einfach deine starke Seite. Die Eigenschaft, die hauptsächlich über Beliebtheit entscheidet, ist Einfühlungsvermögen, also wie fein deine Antennen für andere sind. Wenn du spürst, was mit den anderen los ist, und deine Reaktionen danach ausrichtest, fühlt man sich wohl mit dir.

Und noch etwas: Lass dir Zeit und arbeite an dir. Für die Liebe ist es weniger wichtig, wie du dich schminkst oder welche Klamotten du trägst.

## Bin ich vielleicht eine Spätentwicklerin?

Du begreifst nicht so recht, dass deine ganzen Klassenkameradinnen total auf Jungen stehen, während dir das noch ziemlich egal ist? Das macht nichts. Es gibt keinen genauen Zeitpunkt, an dem das Interesse für das andere Geschlecht einsetzt. Selbst wenn manche deiner Freundinnen schon mit einem Jungen »gehen«, heißt das noch lange nicht, dass du es ihnen jetzt auf der Stelle nachmachen musst. Setz dich nicht unter Druck und tu nichts, was du nicht tun willst. Geh es locker an und du wirst sehen: Alles kommt zu seiner Zeit.

## Wie mache ich einen Jungen auf mich aufmerksam?

Da gibt es nun also diesen Jungen in deinem Leben. Du kennst ihn womöglich nur vom Sehen, findest ihn aber unglaublich toll, möchtest ihn unbedingt kennenlernen. Jetzt wird es schwierig, oder?

Es ist wohl ganz hilfreich, wenn du dir vor Augen führst, dass eigentlich jeder erst einmal ein wenig unsicher ist, wenn er mit einer neuen, ungewohnten Situation konfrontiert wird. Entscheidend ist, dass du lernst, damit umzugehen. In diesem speziellen Fall nun, wenn es darum geht, den Jungen auf dich aufmerksam zu machen, spielt sicher die Angst vor einer Abfuhr die größte Rolle.

Eines ist klar: Du willst den Jungen beeindrucken, ihn von dir und deinen Qualitäten überzeugen. Das heißt aber, dass es wirklich um dich geht, um das, was du bist und kannst.

Zunächst solltest du erst einmal herausfinden, ob sich der Junge überhaupt für dich interessiert. Dazu muss er dich bemerken können. Wenn du ihn durch deine Clique, aus der Schule, dem Verein oder über Bekannte zumindest vom Sehen kennst, dann ist alles viel leichter, als wenn du als völlig Fremde auf ihn zugehen musst. Aber auch dann kannst du zunächst einmal über Blickkontakt einiges herausfinden. Bist du ihm überhaupt schon aufgefallen? Sieht er zu dir herüber? Gibt es da auch einmal verstohlene Blicke? Lächelt er vielleicht sogar zurück?

Meist übernehmen ja die Jungen die Initiative und sprechen Mädchen an, verlassen solltest du dich allerdings nicht darauf. Vielleicht ist er ja noch schüchterner als du, vielleicht ist er auch nicht so sehr interessiert wie du – wer weiß das schon? Irgendeiner von euch beiden macht den Anfang. Wenn er diesen

Anfang macht – umso besser. Falls er dich interessiert, solltest du es ihm zeigen. Falls nicht, solltest du ihn das ebenfalls ganz eindeutig wissen lassen.
Falls von ihm nichts kommt, er dich aber wirklich interessiert, gilt es, das eigene Muffensausen zu überwinden. Was kann im schlimmsten Fall passieren? Der Junge hat kein Interesse, du kannst nicht bei ihm landen. Das ist zwar wirklich alles andere als angenehm, verletzt die eigene Eitelkeit, tut weh.
Man kann dem Ganzen aber auch positive Seiten abgewinnen: Du hast es versucht und dich nicht gedrückt, jetzt weißt du zumindest, was Sache ist. Du kannst dich neu orientieren.
Übrigens findet es fast jeder Mensch im Grunde genommen herrlich, wenn ein anderer ihn toll findet, auch wenn er an einer näheren Beziehung nicht interessiert ist. Also überwinde deine Ängste vor einer Abfuhr und geh auf den Jungen zu. Du musst ja nicht gleich mit der Tür ins Haus fallen.
Warum solltest du nicht einfach »Hallo« sagen, zum Beispiel: »Hallo, ich heiße Lina und seh dich jeden Morgen hier in der Straßenbahn. Mir ist aufgefallen, dass du auch grade ›Der Herr der Ringe‹ liest. Ich hab das Buch grade durch und war ganz begeistert ...«
Wie wäre es mit einer Einladung ins Kino, ins Café, in die Kneipe oder Disco – Möglichkeiten gibt es ja genug. Trau dich also, schlage etwas vor, zeige ihm, dass er dir gefällt, aber schlüpfe dabei nicht in irgendeine Rolle, sondern sei ganz einfach du selber, offen und ehrlich.
Finde heraus, was euch verbindet, frage ihn einfach, aber lass dir – und vor allem auch ihm – Zeit dabei. Wenn ihr einander besser kennt und auch schon eine gewisse Vertrautheit entstanden ist, solltest du ihm ruhig zeigen, was du für ihn empfindest, aber überfahre ihn nicht mit deinen Gefühlen.

## Wie merke ich, ob der Junge es ernst meint?

Wenn du mit einem Jungen »gehen« möchtest, dann willst du, dass er dich ernst nimmt. Dass er dich achtet, auf dich eingeht, es gut mit dir meint. Jemand, der dich demütigt, verletzt, hintergeht – das kann es wirklich nicht sein. Du wünschst dir eine Freundschaft, die auf gegenseitigem Respekt, auf Vertrauen und Partnerschaft aufbaut. Dieser Wunsch ist völlig berechtigt. Wer sich ausnutzen und niedermachen lässt, ist selber schuld. Eine Freundschaft, egal wie tief sie geht, berührt deine Gefühle, Gedanken, Wünsche und Werte. Sie lässt dich nicht kalt. Du zeigst dich dem anderen und machst ihm damit ein sehr wertvolles Geschenk. Und genau das kannst du zu Recht auch umgekehrt erwarten.

Dieses Geschenk enthält allerdings auch ein Risiko. Wer sich öffnet, macht sich verletzbar. Freundschaft setzt Vertrauen voraus. Doch woher willst du wissen, ob dein Vertrauen »gedankt« wird? Also gibst du einen Vertrauensvorschuss. Für den kannst du keine Versicherung abschließen. Es gehört zum Wesen der Liebe, dass sie ein Geschenk ohne Rückversicherung ist.

Natürlich will niemand blind ins Verderben laufen. Deshalb bist du anfangs vorsichtig. Das ist völlig okay, ja sogar notwendig in einer Beziehung. Lass dir Zeit! Vertrauen muss wachsen. Freundschaft und Liebe entstehen nicht von heute auf morgen! Dazu muss man all die dunklen und hellen Seiten eines Menschen erlebt haben; man muss sich gefetzt haben und vielleicht sogar eine Weile aneinander irre geworden sein. Ein altes Sprichwort sagt: Man muss einen Sack Salz miteinander gegessen haben, um einen Freund/eine Freundin wirklich zu kennen.

Eins steht aber fest: Wenn ein Junge dich schon am ersten Abend drängt, mit ihm ins Bett zu gehen, ist das nicht gerade ein Zeichen dafür, dass er es ernst meint. Dann nämlich würde er euch beiden die Zeit geben, einander wirklich gut kennenzulernen und ein festes Fundament für eure Liebe zu schaffen. Also Vorsicht, wenn Sätze fallen wie: »Entweder wir steigen jetzt zusammen in die Kiste oder es ist aus mit uns beiden!« Wer dich auf diese Weise zu erpressen versucht, ist deine Zuneigung nicht wert. Auch wenn's im Moment wehtut: Schick den Typen in die Wüste, denn ein Traumprinz ist er wahrlich nicht!

## Warum reagieren Jungen in ihrer Clique oft so rätselhaft?

Nun, auch heute ist es – bei aller Gleichberechtigung – noch oft so, dass Jungen und Mädchen ziemlich unterschiedlich erzogen werden. Jungen wollen immer noch »cool« sein, nach außen keine Gefühle zeigen, sich nicht vor ihren Kumpels blamieren. Wer weich ist, wird bisweilen als »Softie« und »Warmduscher« abqualifiziert.
Es ist längst erwiesen, dass fast überall im Tierreich die Männchen um die Weibchen konkurrieren und dafür Imponiergehabe, Balzrituale und Rivalenkämpfe entwickelt haben. Bei den Menschen ist dieser Urinstinkt im Laufe der Jahrtausende, zumindest in unserem Kulturkreis, lange Zeit unterdrückt worden. Doch genau betrachtet sind es immer noch die »Herren der Schöpfung«, die um eine Frau kämpfen wie ein Rudel Wölfe. Und es ist die Frau, die entscheidet, wen sie sich zum Partner nimmt.
In unserer modernen Welt ist vieles unsicher geworden. Noch vor 60 Jahren war völlig klar, dass »er« um »ihre« Hand anhält. Und auch heute noch trauen Mädchen sich oft nicht, den ersten

Schritt zu tun, weil sie Angst haben, sich auf diese Weise einen schlechten Ruf einzuhandeln. Dass diese Unsicherheit gerade in der Pubertät zusätzlich für Stress auf beiden Seiten sorgt, ist eine logische Folge. Und genau das könnte man als rätselhafte Reaktion bezeichnen: eine Mischung aus Neugier, Schüchternheit, Unsicherheit, wie man sich »richtig« verhalten soll …
Es wird dir also kaum etwas anderes übrig bleiben, als deutlich dein Interesse zu zeigen, wenn von ihm nichts kommt. Natürlichkeit kommt am besten an. Tipp: Wenn der Junge allein ist, hast du es leichter, als wenn er unter der Beobachtung seiner Clique steht.

## Woran merke ich, dass ich verliebt bin?

Frag einen Freund oder eine Freundin, frag Vater oder Mutter, Oma oder Opa, frag irgendwen, was für ihn Verliebtsein ist. Ich wette, jeder wird etwas anderes sagen. Jeder Mensch fühlt etwas anderes, wenn er verliebt ist. Verliebt sein ist das Eigenartigste der Gefühle. Man hat Schmetterlinge im Bauch, weiche Knie, feuchte Hände. Man wird rot, stottert herum und hat nur einen Wunsch: dem geliebten Menschen nahe zu sein. Das merkst übrigens nicht nur du allein. Deine Mitwelt sieht es auch und macht sich manchmal ein bisschen lustig drüber.
Das Gefühl des Verliebtseins überfällt dich schlagartig und du hast keine große Chance, ihm zu entgehen. Dieses Gefühl kann etwas ganz Wunderbares sein. Aber es kann auch scheußlich wehtun, zum Beispiel, wenn deine Verliebtheit einseitig bleibt und nicht auf Gegenliebe stößt.
So richtig in einen Jungen verliebt zu sein, das ist etwas völlig anderes, als etwa die Eltern, Geschwister, sein Hobby oder sein

Haustier zu lieben. Das alles ist zwar auch Liebe. Aber jetzt kommt ein völlig neuer Gesichtspunkt dazu: die Sexualität. Das heißt: Du möchtest deinem Freund ganz nah sein, ihn ansehen, ihn berühren, ihn riechen, ihn küssen.

Tja, und wenn du Gefühle und Wünsche wie diese hast, dann kannst du durchaus sagen: Du bist verliebt. Oder mindestens verknallt – was schon eine ziemlich heftige Vorstufe ist.

### Gibt es Liebe auf den ersten Blick?

Im Prinzip: Ja. Es gibt tatsächlich »magische Momente«, in denen sich die Blicke zweier Menschen kreuzen und die beiden sich im Wortsinn augenblicklich ineinander verlieben. Aber das ist eher die Ausnahme als die Regel. Vielleicht sollte man »verlieben« auch besser durch »verknallen« ersetzen, denn meist handelt es sich bei dieser »Liebe auf den ersten Blick« eher um eine Art sehr starker, wechselseitiger Anziehungskraft. Das kann von großer Sympathie – die vor allem unsichere Menschen häufig mit Liebe verwechseln – bis hin zu einer starken sexuellen Anziehung reichen.

Im Gehirn – manche sagen auch in der Magengrube oder im Herzen – findet eine intensive Reaktion statt und die Betreffende ist sich auf einmal ganz sicher: der oder keiner. Aber dieses Gefühl muss nicht unbedingt lange vorhalten. Denn optische Anziehung alleine reicht für den Aufbau einer Beziehung meistens nicht aus. Schon der »zweite Blick« könnte eine gewisse Ernüchterung bringen, denn vielleicht gefällt dir an diesem vermeintlichen »Traummann« das eine oder andere Detail gar nicht so recht.

## Gibt es einen Unterschied zwischen Verliebtsein und Liebe?

Aber ja, und zwar einen ganz gewaltigen! Verliebtsein bedeutet eigentlich nichts anderes, als dass man im jeweiligen Jungen ein Ideal zu erkennen glaubt. Er ist total »cool«, sieht super aus, trägt die richtigen Klamotten – wie auch immer: Du bist über beide Ohren in ihn verliebt. Aber wenn dieser erste Rausch verflogen ist und du ihn besser kennengelernt hast, muss sich dieses Gefühl auch im Alltag »bewähren«, bevor du es Liebe nennen kannst.

Wenn ihr euch mal richtig tief verletzt und gestritten habt und dann das Gefühl füreinander immer noch so stark ist, wenn ihr euch trotzdem ungeheuer auf jeden gemeinsamen Moment freut und weiterhin so viel wie möglich füreinander tun möchtet, wenn ihr einander nach einem Streit immer wieder in die Arme nehmen könnt – erst dann kannst du ziemlich sicher sagen: Das ist Liebe. Und da musst du hin.

Es gibt nämlich Menschen, die immer nur verliebt sein wollen und sich vor der »Arbeit an der Liebe« fürchten. Das sind die Leute, die genau so lange zusammenbleiben, wie die ersten Gefühle ausreichen. Sie hauen sofort ab, wenn sie gerade erst anfangen müssten, an der schönsten Sache der Welt zu arbeiten. Sie erleben vielleicht ein bisschen Sex und eine oberflächliche Faszination am anderen Geschlecht, aber sie verpassen das richtige Leben.

## Braucht man zum Küssen eine Technik?

Erinnerst du dich an den Tag, an dem du das erste Mal »Monopoly« gespielt hast? Oder daran, wie du schwimmen gelernt hast? Oder an die erste Fahrt auf dem Volksfest im Autoscooter? Es hat einige Zeit gedauert, bis du so richtig raus hattest, wie das alles geht, nicht wahr? Aber dann ging es wie von allein. Mit dem Küssen ist es nicht anders. Man fängt damit an, etwas unbeholfen und ungeschickt am Anfang. Und irgendwann hat man den Bogen raus. Am schönsten ist dabei, nach und nach zu entdecken, was man mag oder nicht. Das ist wie eine Abenteuerreise. Da wäre es doch schade, wenn man schon am Anfang wüsste, was einen so alles erwartet.

Und eins ist klar: Blamieren kannst du dich so gut wie nicht. Denn damit, dass dein Partner bereits die Kuss-Weltmeisterschaft gewonnen hat, ist kaum zu rechnen. Zwei gemeinsam auf Entdeckungsreise – das ist toll und macht Spaß. Und wenn ihr euch dann noch gegenseitig eingestehen könnt, dass keiner als Küss-Meister auf die Welt gekommen ist, sondern die Küsserei mit Humor nehmt – dann kann schon gleich gar nichts mehr schiefgehen.

## Wie sammelt man die sexuellen Erfahrungen, von denen alle sprechen?

Von etwas sprechen und etwas wirklich tun – das sind zwei Paar Stiefel. Jungen tun Mädchen gegenüber gern so, als ob sie ganz tolle Hechte seien. Aber oft handelt es sich bei dem, was sie angeblich erlebt haben, um Wunschträume. Schließlich will man vor den Kumpels nicht als Versager oder Anfänger dastehen. Doch das meiste, womit sie sich da brüsten, sind Angebereien, denen es vielleicht nicht an Fantasie, meist jedoch an jedem Bezug zur Wirklichkeit fehlt. Du brauchst dich also nicht ins Bockshorn jagen zu lassen, weil du möglicherweise noch Jungfrau bist.

Nur selten stellen sich übrigens die Typen, die mit »sexuellen Erfahrungen« prahlen, auch als zuverlässige und erstrebenswerte Partner heraus. Die »stillen Wasser« dagegen, die nicht in jedem zweiten Satz von Sex sprechen, erweisen sich oft als ausgesprochen angenehme und interessante Zeitgenossen, die Liebe nicht nur als rein körperliche Angelegenheit betrachten.

Sexuelle Erfahrungen machst du, wenn die Zeit dafür reif ist. Das klingt vielleicht ein wenig altmodisch, aber es ist so. Diese Erfahrungen mit Gewalt zu suchen, das ist, wie nach der Zigarette zu greifen, weil es »alle« tun.

Vielleicht ist es in deiner Clique »in«, mit sexuellen Erfahrungen anzugeben. Es gibt sicher Gruppen, in denen das so ist, und andere, in denen das Thema Sex höchstens am Rande eine Rolle spielt. Wie immer es auch sei – nimm dir Zeit. Dann hast du das Schönste noch vor dir.

## Kann man Liebe lernen, wie man Englisch lernt?

Tja – Englisch ist eigentlich keine besonders schwere Sprache. Aber das Vokabelnlernen kann manchmal ziemlich mühsam sein, und genauso verhält es sich mit der Liebe. Man kann durchaus lernen zu lieben, vorausgesetzt man ist bereit, Kompromisse einzugehen.
Jeder Mensch macht eine Entwicklung durch. Am Anfang sind wir wohl alle eher ichbezogen. Auch du bist ein »natürlicher Egoist«. Wenn dann ein anderer Mensch hinzukommt, wenn du dich also in einen Jungen »verknallst« und mit ihm eine Beziehung eingehen möchtest, dann musst du zwangsläufig dazulernen, um die Sache nicht vorzeitig zum Platzen zu bringen. Denn eines ist klar: Die einzigen Leute, die nicht lieben können, sind die Egoisten.
Liebe bedeutet ein wechselseitiges Geben und Nehmen. Du musst also unbedingt lernen, deine eigenen Interessen nicht immer in den Vordergrund zu stellen, und gleichzeitig musst du einschätzen, wie wichtig ihm manche Dinge, Gespräche und Personen sind. Willst du eine dauerhafte Beziehung, musst du

versuchen, seine Bedürfnisse zu erforschen. Das gilt für den seelischen wie auch für den körperlichen Bereich. Liebe lernst du also, indem du auf ihn eingehst und ihn genauso wichtig nimmst wie dich selbst. Wenn er es ebenso macht, dann seid ihr auf jeden Fall schon mal auf dem richtigen Weg.

Noch etwas zum Thema »Lieben lernen«: Das tut auch weh. Denn der Mensch, der dich liebt, sagt dir die Wahrheit über dich, gerade weil er dich liebt. Wirkliche Liebe ist kein nettes Nebeneinander von zwei »Schauspielern«, die einander ewig etwas vormachen, sondern ein radikal offenes Miteinander von zwei Menschen, die gemeinsam wachsen möchten.

## Muss man überhaupt in einer Beziehung leben?

Es gibt immer mehr Singles in unseren Breitengraden. Neben vielen, die unfreiwillig allein sind, zählt dazu auch eine Menge Menschen, die freiwillig auf eine Partnerschaft verzichten. Es gibt Politiker, Ärzte, Künstler, Manager, die ihr Beruf so ausfüllt, dass daneben kein Platz für eine dauerhafte Beziehung, eine Ehe, eine Familie ist.

Und es gibt in verschiedenen Religionen Menschen, die aus religiösen Gründen allein leben. Auch im Christentum gibt es zum Beispiel Nonnen, Mönche und katholische Priester, die im Zölibat leben, was bedeutet, dass sie, um Gott ihre ganze Liebe zu zeigen, auf Sex verzichten. Sie heiraten weder, noch haben sie sonst irgendeine sexuelle Beziehung. Diese Lebensform passt nicht für jeden; aber eine Menge vorbildlicher Menschen haben bewiesen, dass man auch so leben und glücklich sein kann. Jeder muss für sich selbst herausfinden, was für ihn die passende Lebensform ist. Für die meisten wird es die Zweierbeziehung sein. Aber »müssen« muss man gar nichts – auch nicht mit einem anderen Menschen zusammenleben.

## Kann es sein, dass ich nicht liebenswert und darum für immer zum Alleinbleiben verurteilt bin?

Ich kann mir gut vorstellen, dass du dich danach sehnst, dich in einen Jungen zu verlieben und auch einen Freund zu haben. Viele Jugendliche, gerade Mädchen, finden sich nicht attraktiv genug.
In der Pubertät schwankt die Meinung über sich selbst mehr als in jeder anderen Lebensphase. Mal kann man sich gut leiden, mal überhaupt nicht. In solchen Momenten keimt schon mal der Gedanke, man sei so eine Art Fehlkonstruktion: hässlich, blöd, abstoßend. Es ist natürlich schwierig für dich, dir vorzustellen, dass sich dein Schwarm oder ein anderer Junge für dich interessiert oder dich mag, wenn du dich selbst beispielsweise »zu hässlich« und »zu dick« findest. Doch je natürlicher und ungekünstelter du auftrittst, desto leichter wird es anderen fallen, dich zu mögen.
Andererseits ist ja Schüchternheit – nicht nur in deinem Alter – nichts Außergewöhnliches. Manche Jungen finden sogar schüchterne Mädchen viel anziehender als welche, die immer einen Riesenwirbel um sich veranstalten. Vielleicht ist er auch einfach selbst nur zu schüchtern, um zu zeigen, dass er dich mag, und wäre froh über ein Signal von dir. Wenn dein Schwarm oder ein anderer Junge aber nichts von dir wissen will, kann das viele Gründe haben, die nichts mit dir und schon gar nichts mit deinem Aussehen zu tun haben müssen.
Die Medien gaukeln uns oft ein Bild vom Menschen vor, das

überhaupt nichts mit dem richtigen Leben zu tun hat. Wie viele Mädchen sind so schlank wie die Models auf dem Laufsteg, wie viele Jungen so muskulös wie die Typen aus »Baywatch« & Co? Kein Wunder, dass viele ein falsches Körperbild von sich haben und häufig meinen, sie seien zu dick, zu dünn, zu hässlich und würden deswegen nicht geliebt. Alles Quatsch! So eine Einstellung kann im Extremfall krankhafte Ausmaße annehmen wie Magersucht oder Ess-Brech-Sucht.

Wenn dir bewusst wird, dass du mit deinen möglichen Minderwertigkeitsgefühlen und deiner Unsicherheit nicht allein stehst, ist das schon ein guter Anfang. Und wenn du einen Jungen magst, der ähnliche Probleme hat: Sag ihm, was an ihm besonders hübsch oder anziehend ist. Du wirst etwas finden: die Augen, die Haare, das Lachen, die Hände, dass er den gleichen Fußballverein oder die gleiche Popgruppe mag wie du und anderes mehr.

Überlege doch einmal, was du an dir selbst liebenswert, interessant und schön findest – sicher wirst du einiges finden. Und dann wird es dir auch leichter fallen, auf einen Jungen zuzugehen, der dir gefällt.

## Kann denn Liebe Sünde sein?

Nein. Liebe ist das Einzige, was keine Sünde sein kann. Aber mit dem, was man oft irrtümlich »Liebe« nennt, kann man ein Menschenleben zugrunde richten. »Ich habe gedacht, es sei die große Liebe, aber in Wirklichkeit hat er/sie mich nur benutzt und bei erstbester Gelegenheit fallen lassen wie eine heiße Kartoffel« – kommt dir so ein Satz bekannt vor?

Liebe ist die schönste Sache der Welt; sie ist wie ein wunderbares Kunstwerk, das jeder Mensch aus seinem Leben machen kann, wenn er das Beste aus sich herausholt. Aber gerade weil die Liebe so schön ist, ist sie so gefährdet. Bei nichts – das wirst du möglicherweise auch erfahren – wird so viel gelogen, gemogelt und getrickst wie bei der Liebe. Liebe heißt: »Ich habe dich kennengelernt und möchte mich mit allem, was ich habe, dir zum Geschenk machen, zu einem Geschenk ohne Wenn und Aber. Kannst du dieses Geschenk annehmen? Liebst du mich auch?« Liebe heißt nicht: »He, Baby, lass uns mal vorübergehend voneinander profitieren!« – da geht es um den Körper des anderen, sein Geld, seine Fähigkeiten, seine Beziehungen.

Und Sex? Ist denn Sex Sünde? Das meinen doch viele Leute. Auch hier muss man ganz einfach sagen: Nein. Sex ist an sich weder gut noch böse. Sex ist Sex. Ein Messer ist weder gut noch böse und wird selbst dann nicht zu einem »bösen Messer«, wenn man es statt zum Kartoffelschälen für einen Mord benutzt (wozu es nicht gedacht ist). Sex ist dafür gemacht, dass zwei freie Menschen aus Liebe ihre tiefstmögliche Verbundenheit zum Ausdruck bringen (»Ich schenke mich dir; du schenkst dich mir!«). Wenn das gegeben ist, ist Sex das Gegenteil von Sünde: eine heilige Sache. Wenn jemand Sex anders einsetzt (indem er ihn beispielsweise zu einer Ware macht, seinen Körper verkauft oder den Körper eines anderen Menschen kauft), ist Sex immer noch bloß Sex, aber derjenige, der so mit ihm umgeht, handelt schlecht oder (wie es bei Christen heißt): Er begeht eine Sünde. Kurz gesagt ist Sünde einfach das, was anderen und dir selbst schadet. In Hinsicht auf die Selbstbefriedigung heißt das: Wenn sie dir hilft, dich selbst zu entdecken und reif für eine liebevolle Partnerschaft zu werden, ist sie okay und gut. Sie ist dann schlecht (= eine Sünde), wenn sie ein Ersatz für irgendetwas ist, eine Sucht, die dich in dir verschließt und ichbezogen macht statt liebevoll und offen.

# KAPITEL 5

*Jetzt geht's los:
Miteinander gehen*

## Was heißt das überhaupt: miteinander gehen?

»Miteinander gehen« ist mehr als eine oberflächliche Freundschaft. Oft heißt es auch: »Die zwei sind zusammen«, was das Ganze eigentlich besser umschreibt. Man ist ineinander verliebt, fühlt sich zusammengehörig, tauscht Zärtlichkeiten aus, unternimmt vieles gemeinsam, kann und will miteinander über alles reden. Man sieht sich ganz einfach als Paar und tritt auch so auf. Wie viel körperliche Nähe eine solche Partnerschaft beinhaltet, ist natürlich einzig und allein Sache des jeweiligen Pärchens und sicherlich auch eine Frage des Alters und der Entwicklung. Wenn du und dein Freund »miteinander geht«, heißt das also noch lange nicht, dass ihr auch schon miteinander schlaft. Gerade wenn ihr noch jünger seid, wollt ihr das vielleicht noch gar nicht, fühlt euch auch noch nicht reif dafür. Aber auch wenn du deinen Freund erst einmal nur küsst und mit ihm Händchen hältst, wirst du von ihm natürlich erwarten, dass er zu dir und der Beziehung insgesamt steht, dass er treu und für dich da ist, dass du dich auf ihn verlassen und ihm vertrauen kannst. Entscheidend ist dabei logischerweise, dass du für das, was du von ihm erwartest, auch selber stehst.

## Wie finde ich heraus, ob es mein Freund ehrlich mit mir meint?

Über eure Freundschaft kannst du anhand der unten stehenden Checkliste nachdenken, wobei manche Fragen eine bereits »gewachsene« Partnerschaft betreffen – etwa die zum Thema Sexualität. Aber bleib auf dem Teppich: Niemand ist perfekt. Räume deinem Freund auch Fehler ein. Überleg mal, wie du umgekehrt wegkommen würdest. Vielleicht geht ihr die folgenden Fragen gemeinsam durch? Dann klären sich dabei viele Missverständnisse und unterschiedliche Standpunkte.

- Unternehmt ihr viel gemeinsam?
- Erzählt dir dein Freund von sich selbst?
- Spricht er von seinen Gefühlen, seinen Plänen, seiner Lebensgeschichte, seiner Familie? Hört er dir zu? Bist du an seinen Plänen und Vorhaben beteiligt?
- Kennst du seine Freunde?
- Wie behandelt er dich in Gegenwart anderer? Wie spricht er von dir?
- Ist er einfühlsam, lieb, behutsam, zart?
- Wie verhält er sich, wenn du krank, traurig, schlecht drauf bist? Kann er dir Freude gönnen? Ist er eifersüchtig, wenn du etwas gut machst? Ist er geduldig?
- Kannst du dich auf ihn verlassen?
- Ist er pünktlich? Hält er sein Wort? Kann er dir verzeihen, wenn du ihn enttäuscht hast? Zählt er auf deine Hilfe?
- Achtet er deine Gefühle?
- Ist er stolz auf dich? Nimmt er dich ernst? Wie spricht er mit dir? Gibt er sich Mühe, dich in deinen Wünschen und Erwartungen zu verstehen?

- Wirbt er um dich?
- Erfreut er dich manchmal mit kleinen Geschenken?
- Weiß und beachtet er, wann du Geburtstag hast?
- Besitzt er Selbstachtung?
- Handelt er verantwortlich sich selbst und dir gegenüber? Hat er dir gegenüber eine eigene Meinung? Was lässt er sich von dir gefallen? Kann er auch über sich selbst lachen?
- Wie steht er zur Sexualität?
- Hört er auf deine Wünsche? Äußert er seine eigenen Erwartungen? Achtet er deinen Körper? Geht er auf deine Gefühle ein?

## Was soll man in einer Partnerschaft beachten?

Je jünger zwei Partner sind, umso mehr haben sie ein Recht darauf festzustellen, was ihnen zu zweit Spaß macht und was sie nervt. Hier ein paar Gedanken, die dir und deinem Freund das Zusammenkommen und das Zusammensein erleichtern können:

Wenn Menschen einander als gleichwertig anerkennen, wenn sie einander vertrauen und aufeinander bauen, dann kann man sagen, sie sind Partner. Klar: Die Partnerschaft zweier Jugendlicher sieht anders aus als etwa die von einem Ehepaar mit Kindern. Die Ehe gilt nach wie vor als höchste Form der Partnerschaft.

Doch auch eine Partnerschaft, die junge Menschen miteinander eingehen, ist wertvoll und einmalig, selbst wenn sie realistisch gesehen vielleicht nicht »für immer« halten kann. Denn so wie es jeden von uns nur einmal gibt, ist auch jedes Paar einzigartig und hat auch jede Partnerschaft ihre eigenen Gesetze. Jeder

Mensch reagiert anders. Aber genau das ist das Spannende an einer partnerschaftlichen Beziehung.

Die aber funktioniert letztlich nur, wenn beide Teile sich darum bemühen. Auf der Grundlage von Treue, Miteinander-Reden, Verzeihen, Geduld und Respekt kann Partnerschaft beiden eine Menge schenken: etwa Freude, Geborgenheit, Liebe und Wärme. Andererseits muss aber auch jeder Partner etwas »opfern«, zum Beispiel Zeit, Gefühle, guten Willen oder Vertrauen. Eine Beziehung, in der Höhen und Tiefen ausgeklammert werden, bleibt im wahrsten Sinn des Wortes flach. Wer sich auf einen anderen Menschen einlässt, lässt sich damit immer auch auf Abenteuer ein.

Versuche, so oft und so gut es geht, mit deinem Freund zu reden. Dafür braucht ihr Zeit und Ruhe. Echte Probleme bespricht man zu zweit an einem ruhigen Ort – also nicht in der Clique oder in der Disco. Miteinander reden heißt auch, gut zuhören und den anderen ausreden lassen. Versuche, die Gefühle, Wünsche und Erwartungen des anderen nachzuvollziehen – vor allem, wenn du selbst anders denkst und fühlst.

Sag, was du denkst. Dein Freund ist kein Hellseher, der deine Gefühle erraten kann. Es liegt an jedem selbst, wie weit er sich öffnet. Das ist eine Sache des Vertrauens. Aber ohne dieses Vertrauen klappt das Ganze nicht.

Zum Zusammensein gehören viele liebe Worte, zärtliche Gesten, kleine Zeichen. Hör nicht auf, deinem Freund zu sagen, wie sehr du ihn magst. Den anderen ernst zu nehmen bedeutet: Er soll auch in der Partnerschaft seine Eigenart behalten und pflegen. Sonst wird die Zweisamkeit bald zum Gefängnis. Wer keine eigenen Hobbys, Freunde, Wünsche und Ideen mehr hat, wird bald für den anderen langweilig.

Streitet fair miteinander! Lass deinen Freund zu Wort kommen, setz dich mit seiner Meinung auseinander! Verzichte darauf, ihn zu verspotten, in Gegenwart von anderen niederzumachen und mit dummen Bemerkungen zu ärgern! Friss aber auch nicht stillschweigend jeden Ärger in dich hinein! Es ist völlig okay, mal schlecht drauf zu sein. Aber das solltest du auch offen zugeben. Und auch wenn du dich prima fühlst, solltest du das zeigen.

Erwarte nicht, dass er immer nach deiner Pfeife tanzt. Es ist zwar wichtig, seine Wünsche zu äußern, aber ein Wunsch ist kein Befehl! Eingeschnappt zu sein, nur weil der andere nicht sofort darauf einsteigt, ist blöd. Übrigens: Auf den anderen zuzugehen und sich zu entschuldigen, wenn's mal Zoff gegeben hat, ist kein Zeichen von Schwäche, sondern von Stärke. Und schließlich: Nehmt euch gegenseitig ernst, aber nicht todernst! Was ist das für eine Partnerschaft, in der nicht gelacht und geblödelt wird?

### Warum ist mein Freund manchmal so unerträglich »cool«?

Ganz simpel gesagt: Weil er in der gleichen Situation ist wie du. Er erlebt, wie du, alle Höhen und Tiefen der Pubertät. Seine Hormone spielen genauso verrückt wie deine. Er ist sich seiner Gefühle genauso unsicher wie du. Zeig ihm, dass du ihn verstehst. Sag ihm, dass es dir oft nicht viel anders geht. Lass ihm Luft zum Atmen. Ersticke ihn nicht mit zu viel Nähe, mit Eifersucht, mit Misstrauen. Respektiere ihn und schenke ihm Zärtlichkeit, Vertrauen und Aufmerksamkeit. Wenn er dich genauso sehr liebt wie du ihn, dann kriegt ihr das schon hin. Und denk dran: Er muss manchmal wegen seiner Kumpels, seiner Clique den »Coolen« spielen. Wenn du es für wichtig hältst, sag ihm, dass du die Show durchschaust. Wenn es für dich kein Problem ist, lass ihm seine kleinen Spielchen.

## Hat mein Freund ein Recht, mich zu erziehen – und umgekehrt?

Grundsätzlich: Nein. Dein Freund ist ja schließlich nicht dein Vater, Lehrer oder Bewährungshelfer, genau wie du nicht seine Mami oder Trainerin für feine Manieren bist. Aber in dieser Frage klar zu sehen, ist ganz wichtig. Spätestens nach einer Woche erkennt man nämlich am Freund: »Er ist der tollste Typ der Welt, bis auf …«. Na ja, und dann kommt eine Latte von Eigenheiten, von denen du glaubst, dass man sie auf der Stelle abschaffen, geradebiegen oder umbauen müsste. Und nicht selten passiert es dann, dass es nach weiteren vier Wochen heißt: »Er wäre ja der tollste Typ der Welt, wenn er …« – endlich mal ein Buch lesen, ein anderes Rasierwasser benutzen, die Haare schneiden lassen würde und so weiter. Ihm geht es mit dir übrigens genauso.
Ist es überhaupt sinnvoll, den anderen erziehen zu wollen? Es lohnt sich, diese Sache etwas gründlicher zu durchleuchten.
Es wäre ein Riesenfehler, die Persönlichkeit des Partners nach den eigenen Vorstellungen verändern zu wollen. Aus einem eher zurückhaltenden Jungen wird auch durch noch so viel Zureden kaum ein dauerplaudernder Partylöwe werden, und eine weibliche Sportskanone, die viel Aktivität und Bewegung braucht und genießt, wird sich nicht zur handarbeitenden Stubenhockerin »umfunktionieren« lassen.
Etwas anderes ist es, wenn ihr bestimmte Eigenheiten des Part-

ners als unangenehm oder störend empfindet. Darüber sollte man unbedingt miteinander reden. Vielleicht hat der andere Dinge, die einen an ihm stören, selbst noch gar nicht bemerkt? Voraussetzung für solche »Verbesserungsvorschläge« und Denkanstöße sind gegenseitiges Vertrauen, Respekt und Achtung voreinander. Kritik sollte nicht aus heiterem Himmel kommen und immer so formuliert werden, dass der andere sie akzeptieren und damit umgehen kann, also nicht als Anklage und nicht von oben herab.

Wenn dich dein Freund beispielsweise davon überzeugen will, dass dein Outfit oder dein Auftreten seiner Meinung nach zu wünschen übrig lassen, und er dir auf nette Art und Weise Tipps gibt, wie du etwas verbessern könntest, dann hat das weniger mit Erziehung als mit Beratung zu tun: Du hast schließlich etwas davon, kannst dazulernen, Fehler abstellen, möglicherweise unbewusste Schrullen ablegen und so dein Auftreten und damit auch deine Persönlichkeit weiterentwickeln. Natürlich macht dabei auch der Ton die Musik.

Wenn ihr also etwas zu besprechen habt, dann tut es unter vier Augen und sachlich, ohne den Partner zu verletzen. Man muss schließlich verstehen und akzeptieren können, was man ändern soll.

### Wie viel Streit verträgt die Liebe?

Liebe und Streit – das ist eine hochexplosive Mischung. Wenn man es ganz genau nimmt, dann verträgt die Liebe einerseits überhaupt keinen und andererseits jeden Streit. Kommt darauf an, wie man die Worte »Liebe« und »Streit« definiert.

Eines der Geheimnisse der Liebe ist es, den Streit, den einer der beiden Partner vom Zaun bricht, richtig zu interpretieren. Die nächstliegende Deutung ist: Der/die ist boshaft, zänkisch, aggressiv! Eine tiefere und oft richtigere Deutung ist: Einer der Partner sucht Streit, weil er unbedingt eine intensive Beziehung sucht und es nicht ertragen kann, als Paar bloß nebeneinanderher zu leben. Dann ist der ausgelöste Streit in Wahrheit ein ungewöhnliches Mittel, um den Geist der Liebe wiederherzustellen. So kompliziert kann es sein! Wenn das Paar nach einer Weile wieder gemeinsam lachen kann, wenn es sich irgendwann in die Arme nimmt und sich liebe Worte ins Ohr flüstert – dann war dieser Streit vielleicht nur ein Ausdruck von Temperament oder Frustbewältigung im Alltag.

Wenn Streit aber regelmäßig in Sprachlosigkeit, Trauer und Zorn endet, dann läuft sicher etwas gewaltig schief. Wenn diese Streitigkeiten sich stets an Winzigkeiten entzünden und kein Ende nehmen, wenn man dem oder der anderen noch lange danach böse ist und das Einlenken unheimlich schwer fällt – dann sollte die Beziehung dringend überprüft werden. Seid ihr vielleicht nur noch aus Gewohnheit zusammen? Aus Bequemlichkeit? Oder weil ihr gemeinsame Verpflichtungen habt? In diesem Fall kann man eigentlich schon nicht mehr von Liebe sprechen.

Kurz und gut: Wahre Liebe sollte einen handfesten Krach durchaus aushalten, ihn manchmal sogar suchen. Dauerhafter Streit um Nichtigkeiten und mangelnde Versöhnungsbereitschaft sind jedoch sichere Anzeichen dafür, dass die Liebe in der Krise steckt. Dann wird es Zeit zu ergründen, woran es liegt.

## Wie viel Selbstverwirklichung verträgt die Liebe?

Liebe beruht unter anderem auf gegenseitiger Wertschätzung, auf Achtung und Respekt vor der Persönlichkeit des anderen. Damit ist schon einiges an Grundsätzlichem gesagt, wenn es um die Selbstverwirklichung innerhalb einer Partnerschaft geht. Solange du alleine bist, kannst du dich logischerweise verwirklichen, wie, wo und wann immer du willst. Innerhalb einer Beziehung sieht das schon anders aus, denn da sind deine Grenzen dort erreicht, wo die berechtigten Interessen des anderen beginnen. Das heißt, du musst für dich selber bestimmte Grenzen ziehen, aber auch die des anderen akzeptieren und respektieren.

Ein Beispiel: Du bist mit einem Jungen zusammen, der von dir erwartet, dass du den Kontakt zu deinem alten Freundeskreis extrem einschränkst oder sogar abbrichst. Er findet deine alten Freunde nämlich allesamt doof und uninteressant und möchte, dass ihr eure Zeit nur noch mit seiner Rollerskater-Clique verbringt, weil dieser Sport nun mal seine ganz große Leidenschaft ist. Ob dir das passt oder nicht, ist ihm egal. Er meint, du müsstest dich schon entscheiden, und zwar klipp und klar für oder gegen ihn.

Wenn du dich darauf einlässt, dann hast du ein Problem. Du bist dann wahrscheinlich nicht nur irgendwann tatsächlich deine Freunde los, du hast auch akzeptiert, dass jemand anderer völlig über dein Leben bestimmt. Es kann aber doch nicht Sinn einer Partnerschaft sein, die eigenen Interessen und Ansprüche komplett über die des Partners zu stellen. Was spricht denn dagegen, dass jeder seinen eigenen Freundeskreis behält und den des Partners als Bereicherung empfindet? Rein gar nichts, im Gegenteil! Wenn ihr weitgehend dieselben Interessen, Hobbys und auch Ziele im Leben habt, dann könnt ihr schon mal vieles gemeinsam unternehmen und anpacken, ohne dass einer von beiden ausschließlich seinen Willen durchzusetzen versucht. In einer wirklichen Partnerschaft muss man die eigenen Wünsche auch einmal hintanstellen können, man muss Kompromisse suchen und auch eingehen. Ihr seid zu zweit, das heißt, ihr bildet ein kleines Team, und da kann eben nur Teamwork – also ein Miteinander – funktionieren. Gegeneinander geht es nicht.

Stell dir doch nur mal vor, dein Freund käme auf die Idee, er sei ein so toller Hecht, dass auch andere Mädchen etwas von ihm haben müssten. Er brauche das eben – und du müsstest das verstehen. Solcherlei Rücksichtslosigkeiten auf Kosten des Partners sollte wirklich niemand hinnehmen; das muss man sich nicht antun.

Es gibt Leute, die betrachten die Liebe oder eine Beziehung als einen Teil ihrer Selbstverwirklichung. Wenn du an so jemanden gerätst, sollten alle roten Lämpchen gleichzeitig bei dir angehen. Wer sich mit dir »garnieren« will, dich in erster Linie für irgendwas braucht, sei es zur Abrundung der eigenen Persönlichkeit oder weil du so nützlich und bequem bist, der will nicht wirklich dich. Erspar es dir: »SelbstverwirklicherInnen« in der Liebe suchen nützliche Idioten, nicht gleichberechtigte Partner.

## Wie soll ich mit meinen Lustgefühlen ihm gegenüber umgehen?

Es ist ganz normal, dass du eine Fülle von erotischen Träumen und Erwartungen hast. Vielleicht fürchtest du dabei ab und zu, im Umgang mit deinem Freund nicht alles »richtig« zu machen. Solche Sorgen sind unbegründet. Zwei Menschen müssen sich eben erst einmal aneinander herantasten. Achte einfach darauf, welche Berührungen, Zärtlichkeiten oder auch Äußerungen gut für euch und welche nicht »stimmig« sind, weil sie durch Druck oder Zwang zustande kommen würden oder weil sie unverantwortlich sind. Es ist niemals gut, aus falscher Angst (etwa der Furcht, sich zu blamieren) zu schweigen und sich nicht auszusprechen: Sagt einander also, welche Art von Berührungen ihr schön findet und was ihr (jetzt) lieber nicht möchtet.

## Wie weit kann ich sexuell in einer Freundschaft gehen?

Was ist »erlaubt« und was geht »zu weit«? Nun, zu einer richtig guten Beziehung gehören auch Eigenschaften wie Geduld und Selbstbeherrschung. Wer gelernt hat zu warten, der entwickelt Geduld und Rücksichtnahme. Wer gegenüber seinem Partner keine Rücksicht nimmt und nicht auf dies oder jenes zu dessen Gunsten verzichtet, wird eine Partnerschaft erleben, die über kurz oder lang in Trennung oder Tyrannei endet.
Auch sind sexuelle »Testphasen« keine Garantie für eine erfüllte Liebe, eine erfüllte Ehe oder eine gute sexuelle Beziehung innerhalb der Ehe. Zu früher Sex kann viele Probleme verursachen, denen ihr möglicherweise nicht gewachsen seid. Auch beim ersten Mal kann man schwanger werden. Noch immer gibt es, realistisch gesprochen, keine einzige Verhütungsmethode, die hundertprozentig sicher ist.
Und außerdem: Wenn du jedes Mal mit einem Jungen, den du nur flüchtig kennst, ins Bett gehst, womit willst du dann noch deine Gefühle für den Jungen ausdrücken, mit dem du auf Dauer zusammenbleiben willst? Sex mit dem geliebten Menschen soll ein Fest sein. Wer Sex zu einer alltäglichen Sache macht, tut

sich keinen Gefallen. »Wenn du mich wirklich liebst, wirst du auf mich warten«, heißt ein gar nicht so dummer Satz. Mit diesem Warten kannst du die Gefühle testen, die über eine erste Anziehungskraft und eine erste Verliebtheit hinausgehen. Sexuelles Warten ist ein Lebensstil, der mehr beinhaltet, als nur einfach Jungfrau zu sein. Es heißt mehr als »etwas nicht zu tun«.

## Wann bin ich reif für »das erste Mal«?

Das »erste Mal« miteinander zu schlafen wird ganz unterschiedlich erlebt. Das hat viel damit zu tun, welche Erfahrungen du bisher mit Liebe und Sexualität gemacht hast, mit den Gründen für das »erste Mal«, mit der Art der Beziehung und sehr oft auch mit der Situation, die das Miteinander-Schlafen möglich macht. Die einen wollen das erste Mal nur mit einem Menschen erleben, den sie wirklich lieben und mit dem sie auf Dauer zusammenleben wollen. Für andere spielen Motive wie Neugier oder Selbstbestätigung eine Rolle. In jedem Fall ist es ganz normal, beim »ersten Mal« unsicher und ängstlich zu sein.

Manche Jugendliche schlafen nicht aus »gewachsener Liebe« das »erste Mal« miteinander, sondern lassen Zufall oder die Gelegenheit Regie führen. Andere hingegen nehmen sich Zeit und planen dieses große Erlebnis ganz genau. Wichtig ist, den Zeit-

punkt für das »erste Mal« verantwortlich selbst zu bestimmen und nur das zu tun, was man wirklich will.

Durch geänderte Lebensgewohnheiten entwickeln sich die Jugendlichen von heute körperlich schneller. Manchmal bekommen Mädchen schon mit neun Jahren ihre Menstruation. Und diese schnellere körperliche Entwicklung zieht auch eine schnellere Entwicklung der Sexualität nach sich. Längst hat die Wirtschaft den Faktor »Sex« erkannt: »Sex sells« lautet das Stichwort – gemeint ist: Mit Sex in der Werbung verkauft man alles besser. Das gilt auch für Zeitschriften, Filme, Bücher, die aufreizende sexuelle Inhalte pflegen, um von möglichst vielen Neugierigen gekauft zu werden. Jugendliche wachsen in dieser sexualisierten Welt auf. Nicht zuletzt, weil schon nachmittags im Fernsehen eine Talk-Sendung nach der anderen das Thema Sex anbietet, geht deine Generation viel lockerer und ungehemmter mit Sexualität um als die deiner Eltern oder gar Großeltern.

Was jedoch – und davon sind alle Experten überzeugt – bei all diesen Entwicklungssprüngen nicht ganz mitkommt, das ist die Seele. Jugendliche, die körperlich voll entwickelt sind, brauchen noch Jahre, um auch seelisch wirklich reif zu sein. Natürlich spielt man »cool« drüber weg. Und natürlich weißt du auch, dass du noch Zeit brauchst, um wirklich in eine innere und äußere Balance zu kommen und richtig erwachsen zu sein. Im Inneren fühlst du dich unsicher und unbeholfen. Das kann auch gar nicht anders sein.

Nur ist der Druck, den Jugendliche vor allem untereinander ausüben, heute oft viel größer als in früheren Generationen: »He, hast du schon? ... Was, du hast noch nicht?« Was auch immer du tust: Sei stolz, benutz deinen eigenen Kopf und lass dich nicht von Sprüchen dieser Art zu etwas hinreißen. Gib dir Zeit, entscheide selbst, lass dich nicht unter Druck setzen.

## Tut das »erste Mal« sehr weh?

Sicher wird über wenige Erlebnisse im Leben so viel geredet wie über »das erste Mal«. Und die Frage, ob es wehtut, steht dabei besonders für Mädchen oft im Mittelpunkt. Letztlich gibt es so viele unterschiedliche Gefühle und Erfahrungen, wie es Menschen gibt, die dieses erste Mal erleben. Man kann also nicht im Voraus sagen, wie dein »erstes Mal« aussehen wird. Wichtig ist: Es muss nicht wehtun.
Falls du wirklich beim ersten Mal, bei dem du mit einem Jungen schläfst, Schmerzen hast, kann das zum Beispiel am Jungfernhäutchen (Hymen) liegen. Dieses Häutchen kann durch das Eindringen des Penis reißen, was manchmal – keineswegs immer – etwas blutet. Sprich mit deinem Freund über deine Befürchtungen. Wenn er dich versteht, ist die Angst vor dem »ersten Mal« meist gleich viel geringer.
Wenn du dich aber in Wirklichkeit innerlich noch gar nicht bereit fühlst, mit deinem Freund zu schlafen, können auch die daraus resultierenden Verspannungen Schmerzen auslösen. Lass dich nicht von deinem Freund zum Sex überreden. Du allein bestimmst über deinen Körper. Ihr könnt auch zueinander Vertrauen gewinnen und eure Körper erkunden, ohne gleich Sex miteinander zu haben.

## Ab wann darf ich bei meinem Freund übernachten?

Der Staat betrachtet den Bereich der sexuellen Lebensgestaltung heute weitgehend als Privatsache. Doch schützt er beispielsweise Minderjährige vor sexuellem Missbrauch oder vor sexueller Ausbeutung. So gibt es eine sogenannte sexuelle »Schutzaltersgrenze«, die für beide Geschlechter bei dem 14. Lebensjahr (§ 176 StGB) angesiedelt ist. Das heißt, dass sexueller Kontakt (»sexuelle Handlungen«) von über 14-Jährigen mit unter 14-Jährigen unter Strafe gestellt ist. Bis zum 16. Lebensjahr gibt es den »Straftatbestand« der »Verführung zum Beischlaf«. Dies wird allerdings nur auf Antrag verfolgt (§ 182). Dies ganz kurz zur generellen rechtlichen Situation. Sexuelle Kontakte sind also für über 14-Jährige rein rechtlich gesehen möglich. Jedoch haben die Eltern das Erziehungsrecht; und sie können es geltend machen, indem sie den beiderseitigen Umgang verbieten. Darüber hinaus machen sich Dritte (z. B. Eltern) strafbar, wenn sie Jugendlichen unter 16 Jahren Gelegenheit zur »Förderung sexueller Handlungen« geben. Wenn beide Partner allerdings 16 Jahre oder älter sind, gibt es rechtlich gesehen keinen Schutzraum mehr; dann machen sich die Eltern auch nicht mehr strafbar.

## Meine Eltern möchten nicht, dass ich mit meinem Freund schlafe. Was geht sie das überhaupt an?

Das ist ein schwieriges Kapitel! Manche Eltern sehen das ganz locker. Andere sind da eher streng – und sie führen eine Reihe von Argumenten ins Feld: Frühe Bindungen halten in der Regel nicht besonders lange; es kann zu seelischen Verletzungen kommen; du sollst Sex für den Menschen aufheben, der wirklich die große Liebe deines Lebens ist. Und gerade bei Mädchen haben viele Eltern die Sorge, es könnte zu einer ungewollten Schwangerschaft kommen.
Ich weiß nicht, welche Gründe deine Eltern haben. Aber eines ist sicher: Sie müssen dich sehr gerne haben, dass sie sich den Stress antun, dich vor unglücklichen und verfrühten Erfahrun-

gen bewahren zu wollen. Du siehst im Moment vielleicht nur die »elterliche Gewalt«, die euch den Spaß verderben will. Sieh es mal anders: Du kannst dich darüber freuen, dass es deinen Eltern nicht egal ist, wie du mit deiner Sexualität umgehst. Vielen Teenies fehlt eine ältere Kontaktperson, zu der sie Vertrauen fassen können. Sie sind daher regelrecht allein gelassen. Betrachte deine Eltern nicht als Spielverderber oder als Leute, die deine Situation sowieso nicht verstehen können. Im Gegenteil. Sie haben das, was dir neu ist, schon durchlebt und kennen auch deine Empfindungen. Wirf deshalb ihren Rat nicht leichtfertig über Bord.

### Wann darf ich mit meinem Freund zusammenziehen?

Mit 18, denn dann bist du volljährig. Die sogenannte »elterliche Gewalt« über die Kinder erlischt mit dem 18. Lebensjahr. Erst mit 18 Jahren erhältst du freies Niederlassungsrecht und kannst deinen Aufenthaltsort, deinen Beruf und deinen Arbeitsplatz frei wählen. Bis zu deiner Volljährigkeit ist nichts zu machen, wenn du von zu Hause ausziehen willst.

### Kann man einen Jungen zum Freund nehmen, der schon mit vielen Mädchen Geschlechtsverkehr hatte?

Sexuelle Unberührtheit bis zur Ehe war in fast allen Kulturen der Erde – vor allem im Christentum und im Islam – ein »Muss«, vor allem für Mädchen. In vielen islamischen Ländern besteht man noch heute mit großem Nachdruck auf der vorehelichen Keuschheit der Frau, und zwar so sehr, dass ein Mädchen, das vor der Ehe bereits sexuelle Erfahrungen hatte, vielfach kaum als Ehefrau in Betracht kommt. Allerdings heiraten Mädchen dort, wie früher bei uns, schon in sehr jungen Jahren. Auch deswegen ist in unserer Kultur die voreheliche Keuschheit heute, da Ehen wesentlich später geschlossen werden, sehr viel schwieriger einzuhalten. Nach wie vor gilt es in der katholischen Kirche und in weiten Kreisen der evangelischen Kirche als ein Ideal, unberührt in die Ehe zu gehen – und zwar für Jungen wie für Mädchen.

Die bürgerliche Gesellschaft hat da häufig einen merkwürdigen Unterschied gemacht. Während man bei den Jungen nicht selten mit den Augen zwinkerte, wurde vorehelicher Geschlechtsverkehr von Mädchen sehr kritisch betrachtet.

Wenn du wirklich an einen Burschen gerätst, der mit jedem Discoflirt ins Bett geht, dann lass ihn stehen, wo er steht. Sex ist mehr als ein Glas Wasser zu trinken oder jemandem die Hand zu schütteln. Du bist an einen Don Juan geraten; die Sorte gibt es leider wirklich. Für den Moment sieht so etwas cool und lässig aus, aber im Grunde endet es oft sehr traurig. Wer sich an jeden heranwirft, wird am Ende häufig selbst weggeworfen.

Aber sei vorsichtig in der Beurteilung eines anderen Menschen: Woher willst du genau wissen, ob dein Freund wirklich so viele Partnerinnen hatte, wie du zu wissen glaubst? Wenn er sich selber damit brüstet, so zeugt dies von Unreife und du musst dir überlegen, ob du Lust hast, in diese »Trophäensammlung« eingereiht zu werden. Es kann aber genauso gut sein, dass eine enttäuschte Exfreundin Gerüchte über ihn in die Welt setzt, um ihn schlecht zu machen.

Denkbar ist auch, dass ein Junge häufig die Partnerin wechselt, weil er selbst ziemlich unsicher ist und auf diese Weise herausfinden möchte, ob er wirklich liebenswert ist. Ebenso gibt es

Menschen, die regelrecht von einer Beziehung in die andere fliehen, weil sie Angst haben, sich, aus welchen Gründen auch immer, echt und tief zu binden. Jemand, der vor dir schon andere Partnerinnen hatte, ist also nicht »schlecht«, sondern es kann verschiedene Gründe für diese Vorgeschichte geben.

Wenn es aber unter allen Umständen dieser Junge sein muss, wenn es Gründe gibt für ein falsches Verhalten in der Vergangenheit und Chancen, dass du für ihn mehr bist als die Nummer elfeinhalb – kurz: wenn ihr euch entschließt, miteinander zu schlafen, dann benutzt unbedingt ein Kondom. Und besteh darauf, dass dein Freund einen Aids-Test machen lässt.

## Wie offen darf eine Zweierbeziehung sein?

Du willst eine Beziehung haben, zugleich aber die Möglichkeit, zu tun und zu lassen, was du willst. Stell dir doch einmal die Frage, wie es umgekehrt wäre, wenn dein Freund das Gleiche für sich fordern würde. Wärst du da nicht ziemlich bald eifersüchtig, wenn du beispielsweise mit ihm was unternehmen wolltest, er aber mit einem anderen Mädchen etwas vorhätte? Das mag ja einmal angehen, aber immer und immer wieder? Wo ist da noch die Beziehung? Manche reden von »freier Liebe«. Der Begriff ist an sich schon paradox. Natürlich wirkt Liebe in gewissem Sinne befreiend: Sie kann dir neues Selbstbewusstsein und ungeahnte Stärke verleihen. Aber niemals wirst du Liebe zum Nulltarif kriegen. Liebe ohne Verantwortung, das ist ein Widerspruch in sich selbst, und wer wahrhaftig liebt, der wird sich binden wollen.

Absolute Freiheit in einer Beziehung kann es nie geben. Gerade wer liebt, gibt immer auch ein Stück seiner persönlichen Freiheit auf. Er ist, wie du es ja vielleicht als Begriff auch aus der Chemie kennst, eine Verbindung eingegangen. Wer dagegen seine Freiheit und Unabhängigkeit über alles stellt, wird in letzter Konsequenz auch die Liebe scheuen, weil er den damit verbundenen Verlust seiner Freiheit fürchtet. Er wird auf Dauer – zumindest tief in seinem Inneren – ungebunden bleiben oder in einer unglücklichen oder unbefriedigenden Beziehung enden.

### Ist Fremdgehen hin und wieder erlaubt?

Fremdgehen, das bedeutet, in sexueller Hinsicht die Treue zu brechen, also mit jemand anderem als seinem Partner sexuell zusammen zu sein. Im Augenblick gibt es viele Menschen, die »Treue« immer weniger als einen wichtigen Wert ansehen. Dabei war in unserer abendländischen Kultur und im Christentum das Prinzip der Treue jahrhundertelang eine feste Norm. Sie besagte, dass man sich sexuell ausschließlich in seiner Partnerschaft betätigen durfte. Untreue wurde lange Zeit sogar per Gesetz bestraft und spielte in Deutschland bis zur Reform des Scheidungsrechts im Jahr 1977 eine wichtige Rolle bei Ehescheidungen. Man sprach hier vom Schuldprinzip.
Etwa ab Ende der 60er-Jahre wurde sexuelle Untreue immer weniger als grober Verstoß gegen die Moral betrachtet. Doch spätestens in den 90er-Jahren gewann Treue durch Aids und der mit häufigem Partnerwechsel verbundenen Gefahr einer tödlichen Infektion eine völlig neue Bedeutung.
Heute wird Untreue nicht mehr verachtet, sondern eher als das Ergebnis einer unglücklichen Partnerschaft gesehen. Und genau hier solltest du dich fragen: Warum willst du fremdgehen? Lies

dir noch einmal die Antwort auf die Frage »Wie offen darf eine Zweierbeziehung sein?« durch. Dort findest du Ansätze für mögliche Antworten.

## Warum bin ich so rasend eifersüchtig?

»Eifersucht ist eine Leidenschaft, die mit Eifer sucht, was Leiden schafft«, sagt ein Wortspiel des Theologen Friedrich Schleiermacher. Und der berühmte Psychoanalytiker Sigmund Freud hat schon vor rund hundert Jahren erkannt, dass Eifersucht zu den Affektzuständen gehört, die man ähnlich wie die Trauer als normal bezeichnen darf. Ein Mensch, der äußerlich nicht trauern oder eifersüchtig sein würde, für den würden diese oder ähnliche Gefühle im unbewussten Seelenleben eine umso größere Rolle spielen. Einfacher gesagt: Eifersucht gehört zu uns Menschen, und im Grunde ist keiner frei davon.
Doch starke Eifersucht kann ein quälendes und überwältigendes Gefühl sein. Sie schießt wie eine Stichflamme im Körper hoch. Man bekommt Schweißausbrüche, Magenkrämpfe, Herzrasen und Atembeschwerden. Die Eifersucht nimmt so von einem Menschen Besitz, dass er oft an nichts anderes mehr denken kann.
Extreme Eifersucht entsteht dann, wenn jemand seinen Partner besitzen will und von der Angst beherrscht ist, ihn an einen anderen zu verlieren, der mehr bieten kann. Manche sagen, je eifersüchtiger man sei, desto mehr liebe man den anderen. Doch das ist ein Irrtum! Klar: Wer richtig liebt, will den Partner ganz für sich allein und ist daher natürlich eifersüchtig. Aber einen anderen Menschen zu lieben heißt nicht, ihn »besitzen« zu wollen. Liebe ist ein freies Zueinander. Der Wunsch, jemanden besitzen zu wollen wie ein Ding, und die Angst, ihn verlieren zu

können, deuten auf ein ziemlich schwach ausgebildetes Selbstbewusstsein hin.

Es gibt, wie gesagt, »normale« Eifersucht. Du erkennst sie daran, dass sie wieder vorübergeht, wenn sich eine Situation geklärt hat, so wie auch Wut, Trauer und (leider) auch Freude oder Glück vorübergehen. Problematisch ist es, wenn Eifersucht, wie der Fachmann sagt, pathologisch (= krankhaft) wird. Dann sucht der Betroffene gar nicht nach einer befriedigenden Lösung seines Problems. Oft ist diese Eifersucht nicht einmal auf eine reale Situation bezogen. Sie klingt auch nicht nach einer gewissen Zeit ab, sondern besteht entweder dauerhaft und quälend oder flammt immer wieder in alter Heftigkeit auf. Da wird es dann Zeit, sich um professionelle Hilfe zu kümmern, weil man ansonsten seelisch krank wird. Nur Mut! Es ist keine Schande, die Beratung eines Psychotherapeuten zu suchen.

## Was kann ich gegen Eifersucht tun?

Passe dich nicht aus Angst vor dem Verlassenwerden völlig an die Bedürfnisse deines Freundes an, sonst verlierst du deine Eigenständigkeit. Aber nur ein innerlich freier Mensch ist ein begehrenswerter Mensch. Versuche nicht, ihm hinterherzuschnüffeln, um herauszufinden, ob deine Eifersucht berechtigt ist. Du quälst dich nur selbst und machst dich im schlimmsten Fall lächerlich. Auch die Devise »Wie du mir, so ich dir« ist albern. Wenn du versuchst, deinen Freund ebenfalls eifersüchtig zu machen, indem du zum Beispiel vor seinen Augen heftig mit anderen flirtest, riskierst du höchstens den Bruch deiner Beziehung. Selbst wenn Angst und Wut sehr groß sind: Versuche, nie den Respekt vor deinem Freund zu verlieren.

Wenn es so ist, gib es ehrlich zu und sage: »Ich bin eifersüchtig. Ich habe Angst, dich zu verlieren.« Selbst die extremste Eifersucht verliert dadurch an Schärfe. Ihr werdet Wege finden, wie du deinem Freund beweisen kannst, dass du ihm Vertrauen schenkst und ihm die Freiheit gibst, dich ohne Zwang gern zu haben. Es gibt nur ein einziges Heilmittel gegen Eifersucht: Vertrauen, das sich aus einer tiefen Liebe zum anderen speist. Du bist als Eifersüchtige nicht mehr allein mit deinen Ängsten und gibst ihm eine logische Erklärung für manch eigenartiges Verhalten.

### Was tun bei Liebeskummer?

»Liebeskummer lohnt sich nicht« heißt es in einem uralten Schlager. Da ist was Wahres dran, aber das dürfte dich kaum trösten. Für alle, die an Liebeskummer leiden, klingt so etwas eher wie Hohn. Natürlich gibt es gegen Liebeskummer kein Patentrezept, einige Ratschläge aber können dir durchaus helfen, wieder auf die Beine zu kommen. Liebeskummer ist schließlich kein Problem, das nur Jugendliche betrifft; so gut wie jeder Mensch hat schon einmal oder auch öfters darunter gelitten.
Auch wenn es anfangs vielleicht so aussieht, als ginge für dich die Welt unter – sie tut es ganz sicher nicht! Natürlich schmerzt es, wenn man sich im Stich gelassen fühlt, aber du musst versuchen, mit diesem Schmerz umzugehen und ihn zu überwinden. So banal es sich vielleicht anhört: Die Zeit hilft dir dabei, Enttäuschung, Wut und Trauer hinter dir zu lassen.
Man kann Liebe nun einmal nicht erzwingen, also muss man es auch akzeptieren, wenn sie vorüber ist – so schwer das auch fällt. Natürlich nagt es am Selbstwertgefühl, wenn die eigenen

Gefühle nicht oder nicht mehr erwidert werden. Deswegen brauchst du dich aber keinesfalls selbst in Frage zu stellen. Also gib dir nicht selbst die alleinige Schuld am Scheitern eurer Beziehung. Es ist allerdings auch nicht besonders toll, wenn du nun den Jungen zum Buhmann machst. Denn er hat ein Recht darauf, selbst zu entscheiden, was er für sich am besten findet. Also ist es wohl am vernünftigsten, wenn du die Situation als gegeben hinnimmst.

Eine große Hilfe, um über Kummer und Schmerz hinwegzukommen, ist das Gespräch mit Menschen, denen du vertraust. Du musst unbedingt wieder das Gefühl bekommen, dass du liebenswert bist. Es ist oft sehr hilfreich, sich bei jemandem auszusprechen, von dem man weiß, dass dieser Mensch einen schätzt. Schütte ruhig dein Herz aus; du blamierst dich nicht dabei. Es ist sogar ein Zeichen von Reife, wenn man so etwas wagt. Häufig geht es einem danach schon um einiges besser. Vielleicht hilft es dir auch, wenn du dir alles in deinem Tagebuch von der Seele schreibst.

Es gibt allerdings auch Menschen, die in ihrem Liebeskummer so verzweifelt sind, dass ihnen das Leben mit einem Mal sinnlos erscheint, ja dass sie sogar an Selbstmord denken. Sie brauchen unbedingt Hilfe und Unterstützung von außen, unter Umständen auch dringend professionellen Beistand durch einen Arzt, Pfarrer oder Psychotherapeuten. Liebeskummer darf nie so weit führen, dass er dein Leben gefährdet oder gar zerstört.

## Bin ich frei, eine Freundschaft jederzeit zu beenden?

Gegenfragen: Warum willst du dich von deinem Freund trennen? Langweilt er dich? Hast du herausgefunden, dass er nicht der Richtige ist? Hast du einen anderen? Stehst du auf einen anderen? Findet deine Clique ihn doof?
Was ich damit sagen will: Eine Trennung kommt in der Regel nicht aus heiterem Himmel. Meistens merkt man schon eine ganze Weile, dass etwas nicht stimmt. Irgendwann weißt du: Du fühlst dich in der Gegenwart deines Freundes nicht mehr so wohl wie früher. Was kann es sein? Ist die Phase der Neugier vorbei? Ist dein Freund nicht der, den du in ihm gesehen hast? Fühlst du dich ihm zu über- oder unterlegen? Es gibt viele Gründe, warum Menschen nicht zueinander passen. Du bist in einem Alter, in dem du das alles herausfinden darfst, sollst, ja sogar musst. Ganz selten ist der erste Mensch, den man zu lieben glaubt, auch wirklich die große Liebe. Diese »Beziehungskisten« sind wichtige Schritte auf dem Weg zum Erwachsenwerden.
Trotzdem: Menschen wirft man nicht weg wie eine Cola-Dose. Trennungen empfinden nur hoffnungslose Zyniker nicht als Verlust. Das Ende einer Gemeinschaft bedeutet immer Leiden, ganz gleichgültig, wie dieses Ende zustande gekommen ist. Du

bist frei, eine Freundschaft zu beenden. Aber Freiheit bedeutet auch Verantwortung. Zumindest die Verantwortung, dem anderen offen und ehrlich, aber nicht verletzend, gegenüberzutreten und zu sagen, was Sache ist.

## Wie kann ich ihm fair sagen, dass ich mich von ihm trennen will?

Es gibt kaum etwas Schwereres, als einem Menschen zu sagen, dass man ihn nicht mehr liebt und dass es »aus« ist. Auch viele Erwachsene sind beim Versuch, dies »fair« zu bewältigen, schon das eine oder andere Mal hoffnungslos gescheitert, haben sich regelrecht um Kopf und Kragen geredet. Es gibt keine Patentlösung für diese Situation. Manchmal macht man sich unglaublich viele Gedanken und es kommt doch alles ganz anders, als man es geplant hat; manchmal geht ein solches Gespräch auch einigermaßen reibungslos über die Bühne. Vielleicht hat dein Freund schon längst selbst das Gefühl, dass sich ein gemeinsamer Weg nicht ergibt.
Die problemlose Trennung ist (fast) immer ein Märchen. Es entstand wahrscheinlich aus der Not, die Schmerzen einer Trennung lindern zu wollen. Wir könnten uns doch viel beruhigter auf Liebe einlassen, wenn wir sicher wären, dass sie ein schmerzloses Ende finden kann. Aber genau das Gegenteil ist der Fall: Liebe ist untrennbar mit Schmerzen verbunden. Und nicht nur dann, wenn die Liebe scheitert. Trennung tut immer weh, sei es nun, weil der Tod oder weil die verloren gegangene Liebe uns scheidet.
Wenn zwei es nicht mehr aushalten, ein Paar zu sein, weshalb sollen sie dann ausgerechnet in der Trennung Verständnis für-

einander finden? Die beiden Partner trennen sich ja nicht, weil sie sich so gut verstehen.

Eine »zivilisierte« Trennung ist erst dann möglich, wenn beide Seiten kompromissbereit sind. Paradoxerweise ist aber ausgerechnet das auch eine der wichtigsten Eigenschaften für eine geglückte Beziehung. Nur wer bereit ist, Kompromisse einzugehen, kann die verschiedenen Interessen relativ friedlich auf einen Nenner bringen.

Ein Ansatz für ein Trennungsgespräch könnte sein: Überlege dir, wie es dir gehen würde, wenn du in der Situation deines Freundes wärst. Vielleicht liebt er dich ja immer noch? Vielleicht möchte er dich als Freundin behalten. Selten wollen beide Seiten eine Trennung gleich stark. Zur Fairness gehören Offenheit und Ehrlichkeit, aber auch das Bestreben, den anderen nicht mehr als unbedingt nötig zu verletzen.

## Nun macht er einfach Schluss – wie komme ich da bloß drüber hinweg?

Oft spürt man erst nach einer Trennung, wie sehr einem der Exfreund fehlt, wie viel Spaß man miteinander hatte und wie gerne man ihn eigentlich doch mag. Das bedeutet aber nicht automatisch, dass man sich voreilig getrennt hat. Wenn man merkt, dass der Freund wirklich weg ist, sucht man nach Gründen, weshalb es zur Trennung kam. Manchmal steckt hinter solchen Fragen und Zweifeln die Angst vor dem Alleinsein.

Trennung gehört zum Härtesten im Leben. Je nachdem, wie tief die Liebe war, ob es vor der Trennung eine Krise gegeben oder ob dich der Abschied wie der Blitz aus heiterem Himmel getroffen hat – jeder fühlt sich anders. Gut fühlt sich nach einer Trennung der Verlassene fast nie.

Was helfen kann, ist Selbstdisziplin. Schreib dir einmal alle Gemeinsamkeiten auf, vor allem Dinge, die ihr gemeinsam unternommen habt. Dazu gehören zum Beispiel der tägliche Telefonanruf, der wöchentliche Disco- oder Kinobesuch, die gemeinsamen Wochenenden mit der Clique oder Ähnliches. Dieses Aufschreiben bewirkt, dass du einerseits erkennst, was dir die Beziehung einmal bedeutet hat, und andererseits kannst du darauf aufbauend dein Leben dort verändern, wo es notwendig ist.

Diese Veränderungen können nun langsam oder schlagartig geschehen. Beides hat Vor- und Nachteile. Schlagartig heißt, jeden Kontakt zu deinem Exfreund und seiner Umgebung einzustellen. So reduzierst du über Nacht die meisten Gemeinsamkeiten wirklich. Allerdings ist das auch ziemlich hart: den Freundeskreis aufgeben, die Discos, Kneipen, Kinos und sonstigen Orte meiden, in denen ihr zusammen wart.

Leichter scheint die langsame Vorgehensweise. Einfach einige der Gemeinsamkeiten abbauen und damit neue Situationen schaffen. Diese Art hat allerdings den Nachteil, dass man leicht rückfällig wird und sich dann doch wieder voll in die alten Probleme stürzt. Einige Dinge sind auf jeden Fall tabu: Anrufe beim Exfreund, Briefe an ihn oder das Herumlungern vor seinem Haus.

Es gehört Stärke dazu, den einstmals geliebten Menschen loszulassen. Der Spruch »Die Zeit heilt Wunden« wird hier gern gebraucht, genauso gern überhört – und er stimmt doch fast hundertprozentig.

## Ich liebe ihn noch immer. Wie kriege ich ihn bloß zurück?

Wenn jemand sehr verliebt ist, schmerzt ihn der Verlust des Partners besonders. Seine Entscheidung, sich von dir zu trennen, lässt sich nicht ändern. Das ist sein gutes Recht. Es gehört zur Pubertät dazu, dass junge Menschen ihre ersten Beziehungserfahrungen sammeln, zu denen auch Trennung und Abschied gehören.

Ob eure Beziehung noch eine Chance hat, ob es noch einmal die Möglichkeit gibt zusammenzukommen, lässt sich an den Gefühlen erkennen, die ihr füreinander empfindet. Wichtig ist dabei, nicht aus Schuldgefühlen oder Mitleid dem Expartner oder aus Selbstmitleid sich selbst gegenüber die Beziehung wieder aufzunehmen, sondern auf die eigenen Gefühle zu achten. Gibt es noch Gefühle von Liebe, Zuneigung und Vertrauen zueinander, kann sich ein neuer Versuch durchaus lohnen. Um dies herauszubekommen, müsst ihr miteinander reden. Wenn er dir diese Chance gibt, ist es für beide wichtig, dem anderen mitzuteilen, wie man sich fühlt und wie es einem mit der Trennung geht. Das bedeutet, einer von beiden müsste den ersten Schritt wagen und auf den anderen zugehen.

# KAPITEL 6

*Zur Sache:*
*Sex, Erotik, miteinander schlafen*

## Was ist eigentlich Erotik?

Erotik ist all das, was man sexuell anregend findet. Und damit ist dann auch schon fast alles darüber gesagt. Das, was du »sexy« bei einem anderen Menschen findest, kann einen anderen völlig kalt lassen und umgekehrt. Denn die eine steht auf Oli P., die andere fährt auf Brad Pitt ab. Die eine liebt Dreitagebärte, die andere steht auf tolle Muskeln. Man sagt: Es gibt für jeden Topf einen Deckel. Das heißt: Jeder Mensch hat eine eigene erotische Ausstrahlung und wird jemanden finden, der diese Ausstrahlung bemerkt. Zum Glück. Denn hätten alle denselben Geschmack, wäre das eine ziemlich langweilige Geschichte.
Übrigens gibt es einen feinen Unterschied zwischen Erotik und Sex. Wo immer Männer und Frauen beieinander sind – in der Schule, bei der Arbeit, in der Freizeit –, existiert unausgesprochen eine gewisse Spannung, eine erotische Ausstrahlung zwischen den Geschlechtern, ohne dass gleich Sex im Spiel ist. Dieses erotische Flair ist etwas Wunderbares. Du darfst es genießen, es bringt einen herrlichen Duft ins Leben: Wesen und Ausstrahlung von Männern, ihre Bewegung, ihre Stimmen, ihr Blick, ihre Art zu sein.

## Was sind eigentlich erogene Zonen?

Das sind alle Stellen an deinem Körper, an denen Streicheln und andere Liebkosungen für dich sexuell anregend sind. Die Fähigkeit, sexuell zu empfinden, ist nämlich nicht nur auf deine Geschlechtsorgane beschränkt, sondern eigentlich kann dein ganzer Körper erogene Zone sein: das Ohrläppchen, der Hals, dein Nacken. Zum Beispiel ist die Brustwarze sehr empfindsam. Wird sie liebevoll berührt oder wird daran gesogen, gibt das ein schönes Gefühl. Die Muskeln der Brustwarze ziehen sich dann zusammen, die Brustwarze wird hart und richtet sich auf – bei Mädchen allerdings wesentlich deutlicher als bei Jungen. Jungen sind sexuell besonders empfindsam an der Penisspitze, der Eichel. Auch die Hoden lieben zarte Berührungen. Findet einfach heraus, was euch selbst guttut, und sagt es einander. So kann allein schon euer Hautkontakt, bei dem ihr euch gegenseitig erkundet, ziemlich aufregend und reizvoll sein.

## Gibt es eine Stufenleiter der Zärtlichkeit?

Natürlich. Es ist die einfachste Regel der Welt: Man soll so zärtlich miteinander sein, wie man sich kennt, sich liebt, miteinander vertraut ist, miteinander an eine gemeinsame Zukunft glaubt. Es gibt Leute, die gleich die oberste Sprosse der Leiter erklimmen wollen. Im Grunde genommen kennen sie den anderen noch gar nicht, wollen aber gleich mit ihm ins Bett. Das ist natürlich dilettantisch. Liebe braucht Zeit, muss sich entwickeln dürfen, sonst verpasst man das Schönste.
Zärtlichkeit ist dein großes Gefühl für einen anderen Menschen, das du ihm auch zeigen willst. Eine Stufenleiter der Zärtlich-

keit könnte sein: Schmachten, bis dein Bauch kribbelt. Küssen, bis dir schwindlig wird. Streicheln, bis deine Haut flimmert. Zärtlichkeit hat viele Spielarten und es kommt dabei ganz darauf an, wie gut sich ein Mädchen und ein Junge kennen und wie vertraut sie miteinander sind. Wenn sich das Paar aufeinander einlässt, wird ihm meist alles mögliche Schöne einfallen. Verkehrt könnt ihr dabei im Grunde genommen nichts machen.

Aber denk dran: Es geht nur gut, wenn sich eure Zärtlichkeiten allmählich erst entfalten. Als unerfahrene junge Menschen dürft ihr noch lernen, wie spielerisch die Liebe sein kann, ohne dass es um Geschlechtsverkehr geht. Vor allem bei Mädchen ist der Wunsch nach Zärtlichkeit und Nähe ausgeprägter als der nach Sex.

Bei der Zärtlichkeit sind eurer Fantasie keine Grenzen gesetzt. Wenn du immer öfter spürst, dass dir Schmusen und Küssen nicht mehr ausreicht, tun dir jetzt vielleicht Zärtlichkeiten gut, die besonders deine Genitalien erforschen. Diese Spielart heißt Petting und du kannst dabei auch einen Höhepunkt, einen Orgasmus haben. Da die Intensität der Zärtlichkeiten langsam zunimmt, solltest du deshalb unbedingt an Verhütung denken, denn sogar beim Petting kannst du schwanger werden, wenn es den Spermien gelingt, einen Weg in deinen Körper zu finden. Das geht schneller, als du denkst. Jetzt heißt es einfach, zu erkennen, dass du Verantwortung trägst – für dich, aber auch für deinen Freund.

## Der Trieb macht's – oder kann man da was steuern?

Du hast manchmal das Gefühl, deine Triebe machen mit dir, was sie wollen. Du weißt nicht, woher deine Lust kommt. Und sie ist dir nicht selten unheimlich. Ist das normal? Was sollst du tun? Sexualität ist eine starke menschliche Kraft. Doch man kann lernen, sie zu steuern. Diese Kraft beginnt sich in der Pubertät zu entfalten. Anfangs ist es schwierig, damit umzugehen. Ich möchte das mit jemandem vergleichen, der zum ersten Mal in ein Auto mit vielen PS einsteigt, ohne eine Ahnung vom Fahren zu haben. Der meint anfangs auch, das Auto sei es, das Macht über den Fahrer habe. Doch je länger er sich mit dem Fahrzeug vertraut gemacht hat, desto sicherer fühlt er sich, desto souveräner wird er als Fahrer.

Wenn du deine Sexualität in die richtigen Kanäle leitest, wird sie dich weit tragen. Gib dir Zeit. Entdecke deine Gefühle, spür in dich hinein: Was willst du wirklich, was fühlst du, was tust du nur, um anderen zu imponieren oder nicht aus dem Rahmen zu fallen? Und noch ein Tipp: Suche dir einen guten »Fahrlehrer«, also einen erfahrenen Menschen, zu dem du Vertrauen hast und mit dem du dich aussprechen kannst. Dann wirst du die »Führerscheinprüfung« in Sachen Sexualität bestimmt bestehen.

## Gibt es Sex ohne Liebe?

Ja, den gibt es – leider. Eine ganze Branche lebt davon: die Pornobranche, mit der weltweit ungefähr so viel Geld verdient wird wie mit Drogen. Das Geschäftsprinzip ist klar: Trenne Sex von der Liebe, stufe sie zur Ware ab – und dann mache Kasse damit. Besonders Männer lassen sich davon leicht das Hirn benebeln. Sie sagen sich: »Ich brauche jetzt Sex, am besten kostenlos!« Und dann muss eine Frau her. Der Mensch interessiert sie nicht. Lasst euch niemals von irgendjemandem einreden, dass es Sex auch ohne Liebe gibt. Das geht zwar, aber es macht die Männer zu Monstern und eine Frau zu einem würdelosen Objekt, das man benutzt, um sich daran zu befriedigen.

### Gibt es Sex ohne Geschlechtsverkehr?

Geschlechtsverkehr haben heißt, dass der Mann mit seinem Penis in die Scheide der Frau eindringt. Viele glauben, Sex sei immer nur dann Sex, wenn Geschlechtsverkehr stattfindet. Man sieht es doch in jedem Film; da geht es nach fünf Minuten zur Sache, oder? Na ja, im Leben ist es selten wie im Film. Und das ist gut so.
Alles, was zwei Menschen aus sexueller Lust machen, ist Sex: Küssen, Anfassen, Schmusen, Massieren, Streicheln, Petting. Sex ist eine Sache des ganzen Körpers und nicht nur der Genitalien. Beim Petting zum Beispiel lernt man, wie man eine Partnerin erregt und sich auf sie einstellt, indem man fantasievoll ihren Körper mit Mund und Händen erforscht und liebkost. Ebenso falsch ist es zu glauben, Sex müsse immer gleich mit einem Höhepunkt enden. Wenn man intensiv genug schmust und einander an den richtigen Stellen streichelt, kommt man dabei auch zum Höhepunkt. Sex ohne Geschlechtsverkehr macht genauso viel Spaß wie mit, nur dass du keine unmittelbare Angst vor einer Schwangerschaft zu haben brauchst.
Aber Achtung: Sobald das Sperma des Mannes mit der Scheide der Frau in Berührung kommt, kann es zur Zeugung eines Kindes kommen. Wenn ihr in dieser Art miteinander zärtlich seid

oder sein wollt, müsst ihr unbedingt ein Kondom benützen oder auf andere sichere Art die Schwangerschaft verhüten.

## Gibt es Liebe ohne Sex?

Sex und Liebe haben viel miteinander zu tun. Aber sie sind beileibe nicht zwei verschiedene Wörter für denselben Vorgang! Sex ist nur ein Teil der Liebe, er ist ein Zeichen für ein vertrautes intimes Verhältnis zweier Menschen. Zwei Menschen, die einander lieben, werden versuchen, so ehrlich und offen miteinander umzugehen, wie sie nur können. Das ist auch möglich, ohne Sex zu haben. Zu früh miteinander zu schlafen kann sogar den Aufbau einer tragfähigen Beziehung behindern, deren Grundlage schließlich gegenseitiges Vertrauen sein soll. Denn zur Liebe gehören auch Geduld und die Freiheit, »Nein« zu sagen.

*Was heißt eigentlich ...*

**... platonische Liebe?** Ein Liebesverhältnis ohne Sex unter erwachsenen Menschen bezeichnet man als »platonische Liebe«. Dieser Begriff stammt vom griechischen Philosophen Plato (ca. 428–348 v. Chr.), der einst den Zustand »seelischer Zuneigung ohne sexuelles Verlangen« beschrieb.

Wenn sexuelle Beziehungen ins Spiel kommen, kann es schwierig werden, Liebe und Sex voneinander zu unterscheiden, denn dann nimmt der Sex (fast) immer bedeutenden Raum ein. Andere Bereiche – etwa gemeinsame Hobbys, die Tatsache, dass ihr euch gut versteht, ähnliche schulische Interessen und so weiter – fallen auf die nächsten Plätze. Sex verändert immer die Dynamik einer Beziehung.

### Muss man Sex haben?

Nein. Es gibt immer mehr Jugendliche, die aus freien Stücken mit dem Sex warten, bis sie verheiratet sind oder sich reif genug für eine feste Partnerschaft fühlen. Sie sind nicht etwa prüde oder verklemmt. Seit 1994 ist zum Beispiel auch in Deutschland die Bewegung »Wahre Liebe wartet« aktiv. Ursprünglich stammt die Idee aus den USA, wo sie 1992 von der Southern Baptist Church durch Richard Ross initiiert wurde. »Wahre Liebe wartet« ist eine internationale Kampagne, an der sich mittlerweile mehrere hunderttausend Jugendliche aus aller Welt beteiligen. Die Initiative fordert dazu auf, bis zur Ehe sexuell enthaltsam zu leben.
Wenn man ein solches Ideal toll findet oder darüber nachdenken möchte, sollte man sich mal umschauen, welche Erfahrungen andere Jugendliche und Pärchen damit machen. Schaut mal im Internet unter www.wahreliebewartet.de nach.

### Geht man eine Verpflichtung ein, wenn man mit einem Jungen schläft?

Sicher kennst du den schönen Satz aus Antoine de St.-Exupérys berühmtem Buch »Der kleine Prinz«, wonach man ein Leben lang für das verantwortlich ist, was man sich einmal vertraut gemacht hat. Miteinander zu schlafen ist das Vertrauteste, was Menschen zusammen tun können. Daher gibt es eine Art »moralische Verpflichtung«, wenn man miteinander schläft. Eine körperliche Begegnung, wenn sie nicht völlig unmenschlich stattgefunden hat, ist immer ein Versprechen, den anderen zu lieben – ob es ausgesprochen wird oder nicht. Und wer dann sagt: »Für mich bedeutet das nichts«, zeigt nur, dass er entweder sehr unreif und oberflächlich oder sehr egoistisch ist.

Wer Liebe sagt, während er in Wahrheit nur »das Eine« von seinem Partner möchte, verhält sich ausgesprochen unfair und zerstört Vertrauen. An den Folgen haben möglicherweise beide Seiten lang zu knabbern.

## Wie kann ich eigentlich über Sex reden, ohne unanständige Wörter zu gebrauchen?

Sprache färbt nicht nur dein Denken, sondern sie formt es auch. Wörter verraten einiges über dich, natürlich auch die, die du für all das verwendest, was mit Sexualität zu tun hat. Wenn du zum Beispiel über Geschlechtsteile oder Geschlechtsverkehr in der Umgangssprache redest, bringt dir das kaum Sympathien ein. Viele Menschen reagieren entsetzt und beleidigt, wenn man ihre Schamgrenze überschreitet. Außerdem sind diese Begriffe für etwas, das eigentlich zärtlich, liebevoll und warm ist, meistens entwürdigend und aggressiv.

Manche Jugendliche nähern sich der neuen Lebenswelt Sexualität (weil es ihnen an konkreter Erfahrung fehlt) mit vulgärer Sprache und provozierendem Geschwätz. Meist ist das ein Zeichen von Unreife.

Am besten ist es, wenn du die richtigen Definitionen beherrschst und dabei im Hinterkopf behältst, dass man nicht überall und unkontrolliert alles ausspuckt, was einem gerade durchs Hirn schießt. Schau doch einfach einmal in einem Wörterbuch der sinnverwandten Begriffe (auch Synonymwörterbuch genannt) unter den medizinischen Fachbezeichnungen nach: Da findest du jede Menge Beispiele für umgangssprachliche Begriffe.

Hier eine kleine Sammlung: Die Scheide heißt in der Medizin Vagina, die Schamlippen heißen Vulva; aber umgangssprachlich hörst du: Ding, Pussi, Feige, Dose, Büchse, Scham, Mäuschen, Muschi oder Möse oder Fotze. Fotze gehört zu den beleidigendsten Wörtern im sexualsprachlichen Bereich überhaupt. Das Wort Möse stammt vom altdeutschen »Mutz« ab. Das bedeutet Mörser und ist sehr doppeldeutig: Ein Kolben (der Penis) wird in ein offenes Gefäß (die Scheide) gestoßen. Hoden heißen in der Medizin Testis und umgangssprachlich zum Beispiel Klöten, Nüsse oder Eier. Zum Glied, dem Penis, gibt es eine ganze Litanei an Möglichkeiten: Zapfen, Stöpsel, Zipfel, Piller, Schniepel, Piephahn, Pippi, Wenzel, Johannes, Gurke, Nudel, Kolben, Lümmel, Schwengel, Schwanz, Ständer, Stange, Riemen, Pimmel etc. Den Geschlechtsverkehr bezeichnet der Mediziner als Coitus oder Beischlaf. Auf der Straße hörst du dagegen die Wörter Bumsen, Vögeln und Ficken. Schlafen zwei Menschen miteinander, heißt dies im ordinären Jargon ficken, aber auch vögeln, bumsen, poppen oder rammeln. Der Ausdruck »rammeln« kommt aus der Jägersprache und bedeutet dort bei Hasen und Kaninchen so viel wie decken. Selbstbefriedigung bei Jungen wird oft mit »sich einen runterholen« oder »wichsen« umschrieben.

Was in Gesellschaft absolut tabu ist, muss es im intimen Rahmen zwischen zwei Liebenden nicht sein. Vielleicht kommt es euch albern vor, untereinander die offiziellen lateinischen Bezeichnungen zu verwenden – etwa Vagina, Penis und Coitus. Da müsst ihr die passende private Sprache herausfinden, die euch angemessen erscheint; sie sollte nicht aggressiv, nicht sexistisch und nicht brutal sein, sondern zärtlich und so, dass ihr euch beide wohl dabei fühlt. Denkt immer daran, dass die Sprache auch ein Zeichen dafür ist, wie ihr denkt.

## Was passiert bei der Defloration?

Bei den meisten Mädchen ist der Scheideneingang von innen mit einem dünnen, nachgiebigen Hautläppchen, dem Jungfernhäutchen (Hymen), umgeben. Das Hymen hat eine natürliche Öffnung, denn sonst könnten ja das Menstruationsblut und Absonderungen aus der Scheide nicht abfließen. Dieses zarte Schutzhäutchen ist bei jedem Mädchen anders ausgebildet. Bei manchen ist es von Geburt an manchmal überhaupt nicht vorhanden. Es ist meistens weich und dehnbar, sodass auch Jungfrauen problemlos Tampons einführen können (deswegen gibt es auch besonders kleine Größen). Manchmal ist es fest und widerstandsfähig, sodass es das Eindringen des Penis erschweren kann. Dieses Problem kann eine Frauenärztin durch einen kleinen chirurgischen Eingriff beheben. Oft wird das Hymen stark gedehnt und reißt ein, wenn das Mädchen sich zum Beispiel sportlich betätigt oder sich mit den eigenen Fingern untersucht. Dabei fließen dann ein paar Blutströpfchen, aber die wenigsten merken, dass ihr Jungfernhäutchen zerreißt, so minimal ist der Schmerz. Du brauchst dir deswegen also keine Sorgen zu machen.
Das Hymen kann auch einreißen, wenn ein Mädchen zum ersten Mal mit ihrem Freund schläft und er dabei seinen Penis in

ihre Scheide einführt. Dieser Vorgang wird Entjungferung oder Defloration genannt (siehe Kasten). Viele Mädchen ängstigen sich vor diesem Augenblick und befürchten schmerzhafte körperliche Verletzungen. Und manche Jungen sind besorgt, ob ihr Penis auch hart genug ist, um das Hymen zu durchstoßen.

*Was heißt eigentlich ...*

**... Defloration?** Das Wort Defloration (Entjungferung) kommt vom lateinischen Verb *deflorare*, das »der Blüte berauben« bedeutet. Mit dem Begriff bezeichnet man die Zerstörung des Hymens beim ersten Geschlechtsverkehr.

**... Hymen?** Das Wort stammt aus dem Griechischen und bedeutet ganz einfach »Häutchen«. Bei uns ist es der Begriff für das Jungfernhäutchen am Scheideneingang.

Du brauchst deswegen vor dem »ersten Mal« aber keine Angst zu haben. In den meisten Fällen zerreißt das Hymen sehr leicht, wenn ihr euch beide Zeit und Ruhe nehmt, bis die Scheide schön feucht ist. Genießt euer Verliebtsein, euer Vertrauen, die Nähe zum anderen. Dein Partner sollte sich vorsichtig bewegen, langsam und behutsam vorgehen, auf keinen Fall gewaltsam. Dann dürfte es sich für dich am Hymen allerhöchstens ein wenig unangenehm anfühlen oder leicht bluten, aber kaum wehtun.

## Was empfindet eine Frau beim Sex?

Die weibliche Sexualität ist etwas sehr Schönes, aber auch ziemlich Kompliziertes. Jedes Mädchen, jede Frau empfindet anders beim Sex, bereits die äußeren Umstände (jemand könnte stören, mein Freund ist zu schnell und so weiter) können ihre Gefühle beeinträchtigen. Sie braucht auf jeden Fall einen einfühlsamen Liebhaber, Zeit, Geduld und die nötige Lust. Moderne Frauenbücher machen ihre Leserinnen darauf aufmerksam, dass wir nur zu oft Sexualität mit dem Akt des Geschlechtsverkehrs gleichsetzen, mit der Aktivität zwischen Penis und Vagina. Und das ist gerade Frauen eben zu wenig. Ihnen bedeuten ein einfühlsames Vorspiel und ein zärtlicher Ausklang mindestens ebenso viel wie der eigentliche Geschlechtsverkehr.
Die Skala der Empfindungen lässt sich in jede Richtung verändern und erweitern. Sie bedeuten Erregung, Wohlbefinden, Wärme, Romantik, Leidenschaft, Sehnsucht, Leichtigkeit, Entspannung … Eine Atmosphäre von Geborgenheit und Zärtlichkeit ist für eine Frau die wichtigste Voraussetzung dafür, mit ihrem Partner zu schlafen und den Sex auch als erfüllend zu genießen.
Für Männer ist es ganz normal, einen Orgasmus zu haben, für

Frauen ist es das nicht. Viele Mädchen und Frauen erleben ihre sexuellen Höhepunkte zunächst bei der Selbstbefriedigung, weil sie dabei mit ihrem Körper, ihrem Kopf und ihren Wünschen unabhängig von einem Partner sind. Beim Zusammensein mit ihrem Freund erleben sie oft keinen Höhepunkt und verrennen sich dann in die Vorstellung: Ich muss einen Orgasmus erleben, sonst habe ich ein Problem. Manche Frauen kommen zwar beim eigentlichen Geschlechtsverkehr nicht zum Orgasmus, dafür aber beim gegenseitigen Liebkosen und Streicheln der erogenen Zonen.

Speziell junge Frauen sollten sich Zeit geben und ihre Sexualität langsam entwickeln, herausfinden, was für sie gut ist, anstatt sich unter Erfolgsdruck zu setzen. Am allerwichtigsten beim Sex ist, dass »frau« sich selbst körperlich mag und gerne mit ihrem Freund schmust.

### Was empfindet ein Mann beim Sex?

Auch für den Mann gilt: Jeder empfindet anders. Wie bei den Frauen hängt auch bei den Männern viel davon ab, welches Rollenbild sie durch ihre Erziehung, ihren Freundeskreis und ihren sonstigen Umgang (Medien, Schule, Verein) vermittelt bekommen haben.

Wie schön und gut Sex für einen Mann ist, hängt oft auch davon ab, wie dieser Mann sich fühlt: Mag er sich selbst, wird er von seiner Partnerin anerkannt, hat er Erfolg in der Schule oder im Beruf, ist er mit seiner Rolle in der Clique zufrieden? All diese Dinge spielen für das Sexualleben eines Mannes eine große Rolle. Es ist ein Irrtum zu glauben, dass Männer es im Bett wesentlich einfacher haben als Frauen.

Manche Jungen und Männer reduzieren den Sex völlig auf den Geschlechtsverkehr und bringen sich dabei selbst um einzigartige Erfahrungen. Ganz abgesehen davon, dass keine Frau von diesem »rein, raus und fertig« begeistert ist, fehlt einem solchen Zusammensein die Vertrautheit und Tiefe, die einen Großteil des Glücksgefühls ausmacht. Ein guter Liebhaber denkt nicht in erster Linie daran, selbst möglichst schnell zum Orgasmus zu kommen, sondern widmet sich buchstäblich mit Leib und Seele seiner Partnerin und wird für diese Zuwendung durch Sex belohnt, der rein gar nichts mit bloßer Triebentladung zu tun hat.

Gerade junge Männer glauben oft, besonders ausgefallene Stellungen und Techniken machten den erfolgreichen Liebhaber aus. Weit gefehlt! Die meisten Frauen ziehen einfühlsame, zärtliche Männer denen vor, die sie zu allerlei akrobatischen Übungen überreden wollen.

## Was ist ein Orgasmus?

Der Orgasmus ist wichtig für die sexuelle Zufriedenheit – aber er ist nicht das einzige Ziel! Aber was ist er nun? Ein Sternschnuppenregen, der ultimative Liebeskick, ein Knister-Brutzel-Flammen-Feeling, das schönste aller Gefühle? Um es ganz nüchtern zu sagen: Der Orgasmus ist keineswegs eine geheimnisvolle Angelegenheit, sondern wissenschaftlich genau erforscht und vermessen. So weiß man heute, dass der Höhepunkt der sexuellen Lust bei Mann und Frau in vier miteinander verwobenen Phasen abläuft: Erregung, Plateau, Orgasmus und Rückbildung.

Die Erregungsphase macht den Anfang und kann von ein paar Minuten bis zu einigen Stunden dauern. Das Herz schlägt immer schneller, der Blutdruck steigt, die Brustwarzen werden hart. Spannung und Lust steigern sich, die Scheide wird feucht, die Klitoris schwillt an, der Penis wird steif. Diese Phase ist entscheidend dafür, dass eine Frau den Orgasmus erreicht und sexuell befriedigt wird. Deshalb legen Frauen besonderen Wert auf ein ausgiebiges zärtliches Vorspiel und auf einen Geschlechtsverkehr ohne Hast.

### Was heißt eigentlich ...

... **Orgasmus**? Im Griechischen bedeutet das Wort *organ* »heftig verlangen«. Als Orgasmus bezeichnet man den Gipfel der sexuellen Lust.

Die Plateauphase erreicht man kurz vor dem Orgasmus. Die Spannung der Muskeln nimmt noch mehr zu, die Atmung wird keuchend, die Herzfrequenz steigt noch höher, die sexuelle Anspannung ist nun ganz stark. Wichtig ist dabei die Berührung von Klitoris oder Penis. Jetzt ist es kaum mehr auszuhalten: Der Höhepunkt kommt.

Dies ist die Orgasmusphase. Der Junge bekommt einen Samenerguss, beim Mädchen ziehen sich die Muskeln von der Gebärmutter bis zur Vagina rhythmisch zusammen – man nennt das Muskelkontraktionen. Wenn die Klitoris weiter berührt wird, kann das Mädchen mehrere Höhepunkte nacheinander bekommen. Der Mann hingegen braucht zunächst einmal eine Erholung.

Die letzte Stufe ist dann die Rückbildungsphase. Hautrötungen klingen ab, Atmung, Blutdruck, Herzschlag beruhigen sich. Der Penis ist erschlafft und nimmt wieder seine normale Größe an.

Kein Orgasmus ist wie der andere. Aber im Prinzip gilt: Beim Mann ähnelt der Höhepunkt eher dem sekundenschnellen Entladen einer Spannung, beim Mädchen kann er sich wellenartig anfühlen, wie ein Schwarm Schmetterlinge oder wie ein wunderbares Kribbeln. Er kann aber auch ganz anders sein. Und an dieser Stelle kommt dann die Wissenschaft zum Glück doch an ihre Grenzen …

## Welche Arten von Geschlechtsverkehr gibt es?

Ein Paar kann, wenn es ihm Spaß macht und es sportlich genug ist, sich in allen möglichen Stellungen lieben: sitzend, stehend, liegend. Nach dem Motto »Lust macht erfinderisch« gibt es die verschiedensten Möglichkeiten für Geschlechtsverkehr. Wie für vieles andere auch gilt hier ebenfalls der Grundsatz: Richtig ist, was beiden Partnern Spaß macht und worin sie das gemeinsame körperliche Zeichen ihrer Liebe finden, ein Zeichen, das zudem ihrer menschlichen Würde entspricht.

Grundsätzlich unterscheidet man zwischen drei Arten von Geschlechtsverkehr: Vaginalverkehr, Oralverkehr und Analverkehr. Der Vaginalverkehr (Scheidenverkehr) ist sicherlich die häufigste Form: Der steife Penis gleitet in die Scheide. Das Paar bewegt sich miteinander und steigert so gegenseitig sein Lustgefühl. Meistens lieben sich Paare so, dass der Mann oben liegt, die Frau unten. Aber es geht auch umgekehrt. Es gibt noch viele andere Varianten; sogar von hinten kann man in die Scheide einer Frau eindringen. Aber die meisten Paare schauen sich beim Geschlechtsverkehr gern in die Augen.

Beim Oralverkehr (Mundverkehr) werden die weiblichen oder männlichen Geschlechtsteile mit Mund oder Zunge erregt (siehe auch die nächste Frage: »Cunnilingus? Fellatio? Was ist denn das nun wieder?«). Wichtig zu wissen: Durch ungeschützten Oralverkehr kann man Aids bekommen. Durch kleine Verletzungen im Mund, wie etwa Zahnfleischbluten, können nämlich beim Oralverkehr über die Samen- oder Scheidenflüssigkeit die gefährlichen Viren ins Blut gelangen. Frauen sind beim Oralverkehr gefährdeter als Männer. Wegen des HIV-Risikos sollten sie vermeiden, dass Sperma in ihren Mund gerät. Deshalb gilt auch hier: in jedem Fall ein Kondom benützen!

Sicher hast du schon gelesen, dass es auch den sogenannten Analverkehr gibt, und zwar sowohl im heterosexuellen (zwischen Mann und Frau) als auch im homosexuellen (zwischen Mann und Mann) Bereich. Bei homosexuellen Männern ist der Analverkehr ein zentraler sexueller Kontakt. Dabei wird das Glied durch den After in den Enddarm des Partners oder der Partnerin eingeführt.

Die meisten heterosexuellen Paare empfinden den Anal- oder Darmverkehr als entwürdigend und eklig; besonders Frauen denken so. Wer sich trotzdem dafür entscheidet, muss dabei extrem vorsichtig sein, damit der Darm nicht einreißt, denn der ist längst nicht so dehnbar wie die Scheide.

Analverkehr gehört übrigens zu den Sexualpraktiken mit dem höchsten HIV-Ansteckungsrisiko, weil die Darmschleimhaut besonders empfindlich und sehr leicht zu verletzen ist. Wer auf diese Art Liebe macht, muss deshalb unbedingt Kondome verwenden. Diese sexuelle Variante wird in unserem Kulturkreis oft als sündhaft oder pervers bewertet und zum Beispiel in einigen Staaten der USA sogar mit Gefängnis geahndet. Nach dem Analverkehr muss sich der Mann unbedingt waschen, bevor er zum Scheidenverkehr wechselt, damit keine Darmbakterien in die Vagina geraten.

Zum Erwachsenwerden gehört es auch, Nein sagen zu lernen, auf die eigenen Wünsche und Vorstellungen zu hören und sich nichts aufzwingen zu lassen. Andererseits gehört es aber auch dazu, die Wünsche des anderen zu respektieren, wenn der nicht so weit gehen möchte wie man selbst. Wer die Partnerin oder den Partner bedrängt und unter Druck setzt, setzt nicht nur die Freude am Sex, sondern letztlich die ganze Beziehung aufs Spiel.

## Cunnilingus? Fellatio? Was ist denn das nun wieder?

Beide Begriffe stehen für spezielle Formen von Oralverkehr. Beim Cunnilingus werden Scheide, Schamlippen und Klitoris mit Lippen oder Zunge liebkost, stimuliert und befriedigt. Wird am Penis des Manns geleckt, gesaugt oder gelutscht, nennt man das Fellatio.

*Was heißt eigentlich ...*

... **Cunnilingus**? Der Begriff ist aus zwei lateinischen Wörtern zusammengesetzt: *cunnus* (= weibliche Scham) und *lingere* (= lecken).

... **Fellatio**? Das Wort stammt vom lateinischen *fellare* (= saugen) ab. Die Umgangssprache umschreibt die Fellatio mit »blasen«, was im Grunde genommen genau das Gegenteil aussagt.

Übrigens: Penis, Klitoris und Schamlippen sind sehr empfindsam. Deshalb wollen sie zart und liebevoll behandelt sein, damit Oralverkehr genossen und als schön empfunden werden kann. Viele Menschen lehnen Oralverkehr ab. Wenn diese Art von Sex dir unangenehm ist, solltest du dich auf keinen Fall dazu drängen oder überrumpeln lassen. Und natürlich darfst du auch deinen Freund nicht dazu überreden, wenn er nicht selbst dazu bereit ist.

Was du unbedingt wissen musst, ist, dass durch oralen Kontakt Krankheiten übertragen werden können, und zwar durch Herpes-, Hepatitis- und HI-Viren oder Gonokokken. Neben der Aidsgefahr gilt: Durch Oralverkehr werden unter Umständen nicht nur die Geschlechtsteile infiziert, sondern auch der Rachen oder der Enddarm. Kondome, Hygiene und Sauberkeit sind somit beim Oralverkehr oberstes Gebot.

## Was ist eigentlich pervers?

Mit dem Begriff Perversion beschreibt man ein sexuelles Verhalten, das unnormal, schwer krankhaft oder sogar verbrecherisch ist. Bei einigen Perversionen bezieht sich das Luststreben auf unnormale Ziele: etwa bei der Sodomie, der Nekrophilie oder der Pädophilie. Bei anderen wiederum wird die sexuelle Befriedigung auf unnormale Weise erreicht: beispielsweise bei Sadismus, Masochismus, Voyeurismus oder Exhibitionismus. Heute betrachtet man diese ungewöhnlichen Formen der Sexualität als psychische Störungen. Sie sind fast alle strafbar, müssen aber auch psychologisch oder medizinisch behandelt werden.

Was bedeuten die Begriffe im Einzelnen? Bei Sodomie (benannt nach der biblischen Stadt Sodom) betreibt ein Mensch Geschlechtsverkehr mit einem lebenden Tier. Dieses Vorgehen war bis 1969 in Deutschland strafbar, die Darstellung sodomistischer Handlungen (etwa auf Fotos oder Videos) ist es nach wie vor. Nekrophilie (auch Nekromanie genannt) kommt vom griechischen *nekros* (= Leichnam) und *philein* (= lieben). Das ist eine schwere, aber auch seltene, sexuelle Störung mit dem Ziel, Geschlechtsverkehr mit oder in der Nähe von Toten zu haben.

> **Was heißt eigentlich ...**
>
> ... **pervers**? Das lateinische Wort *perversus* bedeutet »verdreht«, aber auch »verkehrt«, »unrecht«, »widersinnig«. Verkehrtheit und Torheit bezeichneten die alten Römer als *perversitas*.

Die griechischen Wörter pais (= Kind) und *philein* (= lieben) sind die sprachlichen Wurzeln für den Begriff Pädophilie. Damit sind alle Formen sexueller Handlungen an Kindern gemeint. Sie werden rechtlich als sexueller Missbrauch gewertet, auf den Gefängnis steht. Pädophile (man kann auch Kinderschänder sagen) haben oft das falsche Wunschdenken, Kinder würden ihre Gefühle frei und ehrlich erwidern. Pädophilie ist leider eine ziemlich häufige Form sexueller Verirrung. Kinder, die ihr zum Opfer fallen, tragen seelische Störungen schlimmster Art davon. Wer davon weiß oder wer sogar selbst davon betroffen ist, muss sich in jedem Fall an die Polizei oder einen vertrauenswürdigen Erwachsenen wenden – übrigens auch dann, wenn man einen Erwachsenen nur wegen pädophiler Neigungen in Verdacht hat.

Verbrechen beginnen oft spielerisch; und was mit scheinbar harmlosen Zärtlichkeiten beginnt, endet oft in einer menschlichen Katastrophe.

Als eine echte Perversion gilt der Sadismus. Er hat seinen Namen von dem Marquis de Sade, der in seinen Schriften exakt dargestellt hat, wie man Lust empfindet, wenn man anderen Grausamkeiten zufügt. Beim Masochismus ist es genau umgekehrt: Hier wird sexuelle Lust erlebt, wenn man bei körperlichen Misshandlungen Schmerzen erleidet. Namensgeber ist der Österreicher Leopold von Sacher-Masoch, der in seinen Werken Figuren mit dieser Neigung beschrieben hat.

Kombiniert man Sadismus und Masochismus, erhält man den Sadomasochismus. Bei dessen sexuellen Praktiken werden zur Steigerung der Lust Machtspiele (dabei geht es um Dominanz, Demütigung, Unterwerfung) mit schmerzhaften Reizen (Fesseln, Schlagen oder Peitschen) verbunden. Diese »Spiele« folgen einer festgelegten Rollenverteilung: Es gibt etwa einen »Sklaven« und eine »Herrin«, auch »Domina« genannt.

Der Exhibitionismus (vom lateinischen Wort *exhibere* = anbieten, zeigen) ist eine psychosexuelle Störung vor allem bei Männern. Ein Exhibitionist fühlt sich sexuell erregt und befriedigt, wenn er vor anderen Menschen seinen Penis zeigen oder sich selbst befriedigen kann. So gut wie nie greift er dabei jemanden an, sondern erlebt seine Befriedigung dadurch, dass er andere erschreckt oder deren Schamgefühl verletzt. Exhibitionisten riskieren ein Strafverfahren wegen sexueller Belästigung, Nötigung oder Erregung öffentlichen Ärgernisses. Exhibitionistisches Verhalten hat psychische Ursachen und ist häufig zwanghaft. Für Betroffene gibt es Beratungsstellen und Selbsthilfegruppen.

Beim Voyeurismus kommen die sogenannten »Spanner« auf ihre Kosten. Der Begriff stammt aus dem Französischen und bedeutet wörtlich »Zuschauerschaft«. Der Voyeur sucht sexuelle Erregung, indem er heimlich andere Personen beim Entkleiden oder beim Liebesspiel beobachtet. Häufig masturbiert er dabei. Besonderer Reiz für den Voyeur ist es, unentdeckt zu bleiben. Voyeurismus wird in solchen Fällen ein Ersatz für die eigene Sexualität, etwa bei jemandem, der schwer Kontakte zu anderen findet. Voyeure haben Angst vor der eigenen Körperlichkeit und Sexualität, sie haben Angst, für einen echten Sexualpartner Verantwortung zu übernehmen. Nur durchs Gucken fühlen sie sich geschützt und unangreifbar. Die Psychologie ist sich noch nicht klar darüber, ob ein Voyeur möglicherweise eine krankhafte psychische Störung hat, die sich sogar zu sexuellen Straftaten steigern kann.

## Kann man von Sex abhängig werden?

Gerade in der Pubertät spielt das Thema Sex eine große Rolle: Alles, was damit zusammenhängt, erscheint dir interessant. Das ist ganz normal. Aber auch Sex kann zur Sucht werden.
Wer von einer Sache abhängig ist, kann ohne sie nicht mehr selbstständig leben. Alle Gedanken kreisen nur um dieses Thema und um den nächsten Kick. Das ist der erste Schritt in die Sucht. Sucht ist der Verlust an Freiheit. Was zunächst ein schöner Spaß oder Zeitvertreib war, entwickelt sich zur schädlichen Gewohnheit, von der man einfach nicht mehr loskommt. So kann Sex – wie das Zocken an Spielautomaten, Rauchen, Alkohol oder anderes – auch zur Sucht werden, vor allem, wenn es darum geht, auf diese Weise Probleme zu vergessen. Zu deren Lösung trägt Sex aber kein Quäntchen bei. Also dient Sex in diesem Fall nur der Flucht aus der realen Welt.

Außerdem kann Sexualität (und auch die Abhängigkeit davon) missbraucht werden, um über andere Menschen Macht auszuüben oder sie zu manipulieren. Vielleicht hilft dir zur Klärung dieser Frage, was der Theologe Helmut Gollwitzer einmal zur Sexualität meinte: »Sexualität als zwischenmenschliche Beziehung bringt Menschen als Menschen zusammen und nicht nur als Dinge. Da sein für den anderen wird hier zur Bedingung eigenen Glücks.«

# KAPITEL 7

*Klartext:
Schwangerschaft, Verhütung
und Abtreibung*

## Wie kommt es zu einer Empfängnis?

Kommt es beim Geschlechtsverkehr zu einem Samenerguss, dann werden ungefähr 500 Millionen Spermien zur Öffnung des Gebärmutterhalses in den hinteren Teil der Scheide der Frau auf die Reise geschickt.
Hat keiner von beiden Partnern verhütet, kann das Ergebnis eine Empfängnis sein. Man kann dazu auch Zeugung oder Befruchtung sagen. Das kann auch beim Petting passieren. Man muss also unbedingt darauf achten, dass beim Streicheln nach einem Samenerguss kein Sperma in die Scheide gelangt. Lieber gleich waschen.
Für die Strecke von der Scheide bis zum Eileiter brauchen die Spermien nur eine Stunde. Von den vielen Millionen Samenzellen reicht eine einzige aus, um eine Eizelle zu befruchten. Die Spermien können im weiblichen Körper drei bis fünf Tage überleben und daher auch bis zu fünf Tagen nach einem Geschlechtsverkehr für Befruchtung und Schwangerschaft sorgen. Die Eizelle ist nach dem Eisprung einen Tag lang befruchtungsfähig.
Treffen Ei- und Samenzelle zum richtigen Zeitpunkt zusammen,

verschmelzen sie miteinander. Jetzt entsteht ein neuer, einmaliger Mensch. Nistet sich die Eizelle etwa am siebten Tag nach der Befruchtung in der Gebärmutterschleimhaut ein, hat die Schwangerschaft begonnen.

## Wie wächst ein Kind im Bauch der Mutter heran?

- In zehn Mondmonaten oder rund vierzig Wochen nach der letzten Regelblutung entwickelt sich aus dem befruchteten Ei ein Kind. Es ist heute wissenschaftlich nachgewiesen, dass in der Eizelle schon sechs Stunden nach der Befruchtung ein menschliches Wesen existiert, bei dem man bereits Geschlecht, Farbe der Augen und Haare und andere individuelle Eigenschaften feststellen kann.
- Ungefähr 24 Stunden nach der Befruchtung beginnt die erste Zellteilung.
- Etwa am siebten Tag nistet sich die befruchtete Eizelle in der Gebärmutter ein. Das Fruchtwasser und der Mutterkuchen bilden sich. Der Embryo nimmt jetzt durch den Mutterkuchen Sauerstoff und Nahrung auf.
- In der vierten Woche nach der letzten Menstruation ist er etwa 2 mm groß. Die inneren Organe, Leber, Lunge, Magen, Darm und Nieren beginnen sich zu bilden. Zu diesem Zeitpunkt erfährt die Mutter durch Ausbleiben der Regelblutung, dass sie schwanger ist.
- In der fünften Woche, also am Beginn des zweiten Monats, hat sich ein rohrförmiges Herz gebildet, das jetzt anfängt zu schlagen. Die ersten Blutzellen und -adern entwickeln sich. Das bis dahin noch frei liegende Rückenmark schließt sich. In der

sechsten Woche ist der Embryo bis zu 1 cm groß und seine Organe beginnen, sich zu entwickeln. Die Nabelschnur zeichnet sich ab.
- Ab der **siebten Woche** bilden sich Handgelenk und Finger, man kann nun schon die Hände und Füße als kleine Knospen unterscheiden. Das Gesicht formt sich allmählich, an beiden Seiten des Kopfes werden die Augen als kleine Vertiefungen sichtbar. Acht Wochen nach der Empfängnis ist die Konstruktion des Herzens beendet. Finger und Zehen kann man jetzt schon ganz deutlich erkennen. Nun werden Oberlippe und Nasenspitze gebildet.
- In der **zehnten Woche** ist das Kind vom Scheitel bis zur Sohle etwa 28 bis 30 mm groß. Nun beginnt die Ausbildung der Geschmacksnerven, auch die Anlage für alle zwanzig Milchzähne ist, wenn auch noch undeutlich, zu erkennen.
- Insgesamt ist das Kind in der **elften Woche** körperlich ganz ausgebildet und alle wichtigen Organe sind entwickelt. Sie müssen nur noch an Größe zunehmen.
- Gegen Ende des dritten Monats, in der **zwölften Woche,** ist der Embryo schon ungefähr 6 cm groß und 28 g »schwer« und fängt an, sich spontan zu bewegen. Das Gesicht des Kindes sieht nun schon aus wie das eines kleinen Menschen.
- Von der **13. Woche** an kann das Kind seinen Mund öffnen und schließen (und auch schon am Daumen lutschen). Sein Geschlecht ist ab jetzt eindeutig bestimmbar.
- Die ersten Haare sind ab der **14. Woche** zu sehen, die Nieren produzieren den ersten Urin. Eine Woche später ist das Kind schon über 10 cm lang und wiegt fast 60 g. Es bewegt seine Ärmchen und ballt die Hände zu Fäusten. Am Ende des vierten Monats kann das Kind seine Stirn runzeln, die Augen drehen und schlucken.

- Ab der **17. Woche** kann die Mutter zum ersten Mal die Bewegungen ihres Kindes spüren.
- Ab der **20. Woche** hört der Arzt mit einem Stethoskop den kindlichen Herzschlag.
- In der **21. Woche**, also im sechsten Monat, ist das Kind im Sitzen 17 cm lang und wiegt zirka 380 g. Es wächst jetzt rasch weiter. Anhand seiner Kopfgröße kann der Arzt mit der Genauigkeit von einer Woche das Geburtsdatum festlegen. Bei einem Mädchen enthalten die Eierstöcke schon mehr als sechs Millionen Eizellen.
- Ab der **22. Woche** reagiert das Kind auf Geräusche, es entwickelt einen Schlaf-Wach-Rhythmus. Die Mutter kann es durch ihre Bewegungen aufwecken.
- In der **26. Woche** ist das Kind etwa 23 cm lang und über 850 g schwer. Seine Füßchen sind nun 5 cm lang. (Welche Schuhgröße das wohl wäre?) Es öffnet und schließt seine Augen.
- Im achten Monat, ab der **30. Woche**, kann das ungeborene Kind schmecken, zum Beispiel das süße Fruchtwasser. Es ist 27 cm lang und wiegt 1,5 kg. Seine Augen sind jetzt ganz geöffnet, und es kann hell und dunkel unterscheiden.
- Käme das Kind ab der **34. Woche** frühzeitig zur Welt, hätte es mit seinen 31,5 cm und 2,5 kg eine realistische Chance, ohne größere Komplikationen zu überleben.
- Ab der **36. Woche** wird für die Mutter das Heben und Bücken immer beschwerlicher, manchmal spürt sie jetzt das Zusammenziehen der Gebärmutter, die sogenannten vorgeburtlichen Wehen.
- Ab der **37. Woche** beträgt der Kopfdurchmesser des Kindes über 9 cm. Dem Kind wird es allmählich zu eng im Bauch der Mutter. Nun kann jederzeit die Membrane der Fruchtblase platzen und das Fruchtwasser abgehen.

- Ab der 38. Woche bereitet sich das Kind auf seinen großen Eintritt in die Welt vor und nimmt die endgültige Geburtslage ein. Die meisten Kinder liegen mit dem Kopf nach unten.
- In der 40. Woche ist das Kind mit rund 50 cm Länge und durchschnittlich 3,5 kg Gewicht für die Geburt bereit. Jetzt will und wird es auf die Welt kommen.

## Wann ist ein Embryo ein Mensch?

Ab dem Zeitpunkt der Befruchtung, also von Anfang an, ist jedes Ungeborene ein Mensch. Die moderne Naturwissenschaft ist sich einig: Mit der Verschmelzung von menschlicher Ei- und Samenzelle beginnt die Lebensgeschichte eines Menschen. In diesem Augenblick werden Geschlecht, Aussehen, aber auch Begabungen, Charakter und vermutlich sogar die mögliche Lebensdauer des Menschen festgelegt. Das menschliche Wesen dieser einmaligen, einzigartigen Person wird sich zu keinem Zeitpunkt seiner Entwicklung ändern. Was sich ändert, ist die äußere Gestalt des Menschen.

Die erste Erscheinungsform des Menschen ist also die befruchtete Eizelle. Sie unterscheidet sich mit ihren artspezifischen 46 Chromosomen eindeutig von jeder anderen Eizelle. Das bedeutet, dass es diesen Menschen vorher noch nie gegeben hat und dass es ihn auch nie wieder geben wird. Er ist einmalig und einzigartig. Das gilt für dich, für mich, für jeden.

## Mit welchen Methoden können Frauen eine Empfängnis verhüten?

Du solltest mit deinem Freund über Verhütung sprechen, bevor ihr miteinander schlaft, denn Vorsorge ist einfach unerlässlich.

Du weißt ja, dass Frauenärzte und -ärztinnen dich beraten dürfen, auch ohne dass deine Eltern etwas davon zu erfahren brauchen. Das ist auf jeden Fall besser, als unvermutet in riskante Situationen hineinzurutschen. Lieber noch eine Weile warten, der Sexualität Zeit lassen, damit sie sich langsam entfalten kann, und dann richtig darauf vorbereitet sein. So könnt ihr euch auch richtig entspannen und Spaß dabei haben. Die Bitte an deinen Freund, zum Beispiel ein Kondom zu benutzen, ist eine wirklich wichtige Vorsichtsmaßnahme für euch beide und kein Misstrauen gegen ihn! Sexualität ist etwas ganz Wunderbares, ungewollte Erlebnisse könnt ihr vermeiden. So ist schon ein einziger ungeschützter Geschlechtsverkehr ausreichend, damit du schwanger wirst.

Kinder sollten nicht aus Zufall oder Nachlässigkeit entstehen, sondern wirklich von Mutter und Vater erwünscht sein. Doch so wie ein Kind immer beide Eltern angeht, ist auch die Verhütung Sache beider Partner. Mann und Frau sollten gemeinsam die Verantwortung dafür übernehmen und eine partnerschaftliche Entscheidung darüber treffen, auf welche Art sie eine Empfängnis verhüten wollen. Zur Wahl stehen Methoden, die von der Frau angewendet werden, als auch eine – das Kondom –, die der Mann einsetzt.

Frauen können auf verschiedene Arten eine Empfängnis verhüten, aber keine ist hundertprozentig sicher. Nachfolgend stelle ich dir die bekanntesten Möglichkeiten vor, ausgehend vom geringsten Risiko. Drei Punkte musst du abwägen, bevor du dich für eine Methode entscheidest:

- Wie sicher und zuverlässig ist die Methode?
- Wie verträglich ist sie für mich?
- Kann ich sie richtig anwenden?

Eine neutraler Maßstab, mit dem man die Wirksamkeit von empfängnisverhütenden Maßnahmen vergleichen kann, ist der sogenannte Pearl-Index. Das ist ein statistischer Wert: Wenn 100 Frauen ein Jahr lang ein bestimmtes Verfahren zur Empfängnisverhütung anwenden, kommt es dabei trotzdem immer wieder zu Schwangerschaften. Der Pearl-Index steht dann für die Anzahl dieser Schwangerschaften oder anders gesagt, für die »Versagerquote«. Ein Beispiel: Von 100 empfängnisfähigen Frauen, die in einem Jahr überhaupt keine Verhütung betreiben, werden durchschnittlich 85 schwanger. Der Pearl-Index liegt hier also bei 85.
Jede Methode zur Empfängnisverhütung hat ihre Vor- und Nachteile. Natürlich wird es für dich wichtig sein, dein gesundheitliches Risiko möglichst gering zu halten. Du solltest es aber immer gegen das Risiko einer ungewollten Schwangerschaft abwägen. Sprich deshalb unbedingt mit deinem Arzt oder deiner Ärztin und deinem Partner über das Thema Verhütung.

▶▶ Eine der sichersten Verhütungsmethoden speziell für jüngere Frauen ist im Moment die **Antibabypille.** In Deutschland nehmen sie ungefähr sieben Millionen Frauen. Wenn sie richtig eingenommen wird, liegt der Pearl-Index bei 0,2 bis 0,5. Die weiblichen Hormone Östrogen und Gestagen, die in der Pille enthalten sind, unterdrücken den Eisprung (die Ovulation). Es gibt keine befruchtungsfähige Eizelle, die durch eine männliche Samenzelle befruchtet werden könnte. So wird eine mögliche Schwangerschaft verhindert. Damit die Pille aber sicher wirken kann, musst du sie regelmäßig täglich einnehmen, also zum Beispiel nach dem morgendlichen Zähneputzen. Die Pille ist nicht sicher und kann unwirksam werden, wenn du in den ersten drei Stunden nach der Einnahme starken Durchfall bekommst oder erbrechen musst oder wenn du bestimmte Medikamente einnimmst. Dazu solltest du deine Frauenärztin oder deinen Frauenarzt befragen.

Du beginnst mit der ersten Pille am ersten Tag der Monatsblutung. Das Präparat schützt sofort vor Empfängnis, aber beispielsweise nicht vor Geschlechtskrankheiten! Obwohl die Antibabypille eine Menge Vorteile gegenüber anderen Verhütungsmethoden hat, solltest du dich beim Arzt genau (das heißt auch über mögliche Nebenwirkungen) informieren, bevor du dich dafür entscheidest. Manche Frauen vertragen die Pille nicht und nicht wenige Frauen sind dagegen, weil sie nicht über Jahre und Jahrzehnte hinweg die natürlichen Körpervorgänge durch »Chemie« manipulieren wollen. Bis zum 20. Lebensjahr ist die Pille für Mädchen kostenlos; in der Apotheke musst du nur die Rezeptgebühr bezahlen.

▸▸ Seit Sommer 2000 gibt es in Deutschland eine ganz neue Verhütungsmethode, ein **Verhütungsstäbchen** als »Minipille im Arm«. Dabei handelt es sich um ein 4 cm langes und 2 mm dünnes Stäbchen aus einem weichen Kunststoff, das drei Jahre lang eine bestimmte Menge Gelbkörperhormon freigibt und so den Eisprung verhindert. Der Arzt macht dazu einen kleinen Hautschnitt von etwa 2 mm Länge. Mithilfe einer speziellen Nadel schiebt er (bei örtlicher Betäubung) das Stäbchen unter die Haut an der Innenseite des Oberarms. Bisher weiß man von keinem einzigen Fall einer ungewollten Schwangerschaft. Das Hormonstäbchen und das Einsetzen kosten etwa 300 Euro. Für eine sichere Empfängnisverhütung über drei Jahre hinweg ist das verhältnismäßig preiswert, doch sollte das Hormonstäbchen nicht kritiklos eingesetzt werden, denn gerade bei jungen Mädchen, deren Zyklus sich erst einspielen muss, kann es schwerwiegende Nebenwirkungen haben. So führt es beispielsweise zu Blutungsstörungen oder zu Östrogenmangel.

▶▶ Eine weitere Methode ist die sogenannte **Minipille,** nicht zu verwechseln mit der Antibabypille. Die Minipille enthält nur Gestagen und unterdrückt meistens den Eisprung nicht. Sie macht vielmehr den Schleim im Gebärmutterhals für Samenzellen undurchlässig. Die Minipille muss sehr diszipliniert eingenommen werden, die übliche Einnahmezeit darf nicht um mehr als zwei Stunden überschritten werden. Der Pearl-Index für die Minipille liegt bei richtiger Einnahme bei 0,14 bis 3 je nach Präparat.

▶▶ Ein selten eingesetztes Verhütungsmittel für Frauen ist die **Dreimonatsspritze.** Sie wird hauptsächlich dann angewandt, wenn die Frau bestimmte Krankheiten hat oder kein anderes Verhütungsmittel auf Hormonbasis verträgt. Die Spritze verhindert den Eisprung. Die Möglichkeit einer Schwangerschaft liegt gemäß dem Pearl-Index bei 0,2 bis 1,4 je nach Präparat. Viele Frauen leiden bei dieser Methode unter Zyklus- und Menstruationsstörungen.

▶▶ Nach der Antibabypille ist die **Spirale,** auch **Intrauterinpessar** (IUP) genannt, das am zweithäufigsten gewählte Verhütungsmittel. Die Möglichkeit einer Schwangerschaft liegt gemäß dem Pearl-Index bei 0,05 bis 3 je nach Präparat. Die Spirale soll verhindern, dass sich eine befruchtete Eizelle in der Gebärmutter einnistet. Frauenärztin oder Frauenarzt setzen sie in die Gebärmutter ein; das kann manchmal schmerzen. Die Spirale ist 2,5 bis 3,5 cm klein, aus Kunststoff, zum Beispiel geformt wie eine »7«, wie ein Hufeisen oder ein »T« und mit einem dünnen Kupferdraht umwickelt. Sie eignet sich am besten für Frauen, die bereits Kinder haben. Für junge Mädchen ist die Spirale nicht das Mittel der ersten Wahl, denn sie haben mit der Spirale oft wehenartige Unterleibsschmerzen und -entzündungen. Der Arzt berät dich über Risiko und Nutzen.

▶▶ Das Scheiden-Pessar oder auch Diaphragma hat einen Pearl-Index von 1 bis 4 und wird meistens von Frauen verwendet, die nur ab und zu Geschlechtsverkehr haben. Korrekt angewendet ist das Pessar so zuverlässig wie ein Kondom. Es ähnelt einem kleinen Gummihut ohne Rand, ist elastisch und faltbar, sodass es ohne Schwierigkeiten in die Scheide eingeführt werden kann. Dort verschließt es den Muttermund und verhindert, dass Spermien in die Gebärmutter gelangen. Vor jedem Verkehr muss es mit einer samenabtötenden Creme oder einem Gel bestrichen werden. Nach dem Geschlechtsverkehr bleibt es noch sechs bis acht Stunden an seinem Platz. Wenn eine junge Frau sich für ein Pessar entscheidet, muss sie sich zunächst ausführlich von ihrer Ärztin beraten lassen. Das Pessar sollte sehr sorgfältig behandelt und nach jedem Einsatz gründlich gereinigt werden.

▶▶ An etwa acht bis neun Tagen im Monat können Frauen schwanger werden, das sind die fruchtbaren Tage rund um den Eisprung. Da sie jedoch nicht den ganzen Monat verhüten wollen, wenden viele Frauen Mikrocomputer zur natürlichen Verhütung an. Damit können sie je nach Gerät entweder die Veränderung der Hormonkonzentration (Pearl-Index 5) im morgendlichen Urin bestimmen oder aber ihre Körpertemperatur (Pearl-Index 2) messen. Die etwa handgroßen Mikrocomputer sind relativ teuer. Diesen Computern ist als Methode der Empfängnisverhütung nicht uneingeschränkt zu vertrauen. Sie vereinfachen vielmehr die Berechnung der fruchtbaren und unfruchtbaren Zyklustage, sparen Zeit und handschriftliche Aufzeichnungen und Auswertungen. Um eine Schwangerschaft ernsthaft auszuschließen, sollte das Paar gleichzeitig ein zusätzliches Verhütungsmittel wie Kondom oder Pessar anwenden.

▶▶ Die **symptothermale Methode** dient der natürlichen Empfängnisverhütung mit einem Pearl-Index von 0,3 bei disziplinierter Anwendung. Sie dient der Bestimmung der fruchtbaren und unfruchtbaren Tage innerhalb eines Menstruationszyklus. Dabei misst die Frau täglich ihre Körpertemperatur, beobachtet die hormonell bedingten Veränderungen des Zervixschleims und trägt die Ergebnisse in ein Zyklusblatt ein. Anhand bestimmter Regeln werden die fruchtbaren Tage bestimmt. Die Methode hat den Vorteil, dass sie in keiner Weise in das natürliche Körpergeschehen der Frau eingreift. Allerdings muss die Frau bereit sein, sich mit ihrem Körper und dessen verschiedenen Symptomen vertraut zu machen. Dazu muss sie zumindest in der Lernphase ganz diszipliniert jeden Morgen nach dem Aufwachen, aber vor dem Aufstehen, ihre Körpertemperatur messen. Verschiedene Faktoren wie zum Beispiel Stress, fiebrige Erkrankungen, Schmerzmittel, Alkoholkonsum am Vorabend und Ähnliches können nämlich die Körpertemperatur erhöhen und so das Ergebnis beeinträchtigen. Wenn eine Frau sich mit dieser Methode vertraut macht und dabei ihren Körper näher kennenlernt, wird sie bald auch mit diesen Störungen gut umgehen können.

▶▶ **Chemische Verhütungsmittel** gibt es als Schaumzäpfchen, Salben, Gels, Schaum oder Sprays. Mindestens zehn Minuten vor dem Geschlechtsverkehr führt die Frau sie in die Scheide ein, wo sie sich auflösen und einen zähen Schleim oder Schaum bilden. Dieser verhindert das Eindringen von Samenzellen in die Gebärmutter und tötet sie ab. Die Packungsbeilage muss man unbedingt vorher durchlesen, da manche chemischen Verhütungsmittel nicht gleichzeitig mit Kondom oder Pessar verwendet werden dürfen. Aber erst dann wäre ein relativ hoher Empfängnisschutz gegeben. Ohne die Kombination haben sie nur eine geringe Zuverlässigkeit (Pearl-Index 3 bis 21). Bei jedem weiteren Geschlechtsverkehr muss das Mittel von Neuem angewendet werden und bleibt dann immer etwa eine Stunde wirksam. Solche Verhütungsmittel sind relativ gut verträglich und können höchstens die Scheidenhaut harmlos reizen oder auch ein leichtes Brennen am Penis verursachen. Als unangenehm empfinden manche Menschen das Wärmegefühl, das dabei entstehen kann.

▶▶ Eine sehr hohe Versagerquote hat die **Kalendermethode** nach Knaus-Ogino. Nach dem Pearl-Index kommen auf 100 Frauen jährlich 9 Schwangerschaften. Bevor Frauen die Knaus-Ogino-Methode praktizieren, müssen sie ihren Zyklus mindestens sechs Monate lang genauestens beobachten.

## Wie können Männer eine Empfängnis verhüten?

▶▶ Egal wie man es nennt – Präservativ, Pariser, Überzieher, Gummischutz oder Verhüterli –, das **Kondom** ist das einzige mechanische Verhütungsmittel für den Mann und zugleich der ein-

zige mögliche Schutz vor Geschlechtskrankheiten und Aids. Das Kondom ist eines der ältesten Verhütungsmittel und bei richtiger Verwendung ziemlich sicher: Die Spermien werden einfach aufgefangen. Der Pearl-Index des Kondoms liegt bei 2 bis 12. Die Versagerquote erklärt sich daraus, dass das Kondom häufig unsachgemäß oder zu spät übergezogen wird. Jeder Kondompackung liegt eine Gebrauchsanweisung bei, die in Wort und Bild die Handhabung genau erklärt. Dein Freund sollte sich vor dem »Ernstfall« mit der richtigen Anwendung vertraut machen und sie auch öfters ausprobieren.

»Mann« spürt das Kondom kaum, da es ungefähr sechsmal dünner ist als die Haut. Verwendet nur Markenkondome mit Prüfsiegel und schaut auf das Ablaufdatum, denn Kondome bestehen aus Gummi und können altern. Das gilt speziell für Kondome aus Automaten, die ja unter Umständen den ganzen Tag in der prallen Sonne stehen. Hitze macht Kondome porös, sodass sie später, wenn es darauf ankommt, leicht reißen können. Kondome sind einzeln verpackt. Ist die Packung beschädigt, solltest du die Kondome daraus nicht mehr verwenden. Du kannst Kondome problemlos in Supermärkten, Apotheken oder Drogerien ohne Rezept kaufen. Jedes Kondom dürft ihr nur einmal verwenden.

Die Verpackung öffnet man vorsichtig an der Einkerbung. Mit Schere oder spitzen Fingernägeln könntet ihr das Kondom beschädigen. Auf Innen- und Außenseite achten: Lässt sich das Kondom später nicht leicht abrollen, ist die Richtung falsch; dann nehmt ihr lieber ein neues Kondom, weil beim Aufsetzen auf die Penisspitze bereits Spermien auf dem alten gelandet sein könnten. An der Spitze haben Kondome einen kleinen Hohlraum, das sogenannte Reservoir. Hier sammelt sich nach dem Samenerguss die Flüssigkeit. Beim Überstreifen des Kondoms müsst ihr darauf achten, dass sich am Reservoir keine Luftblase bildet und gleichzeitig genügend Platz bleibt. Dazu hält dein Freund das Kondom am besten mit Daumen und Zeigefinger fest und rollt es mit der anderen Hand vorsichtig und vollständig über seinen steifen Penis, dessen Vorhaut er zuvor zurückgestreift hat.

Bald nach dem Samenerguss, solange das Glied noch steif ist, hält der Mann das Kondom am Penisansatz fest und zieht es ganz behutsam aus der Scheide heraus. Nur so kann es nicht abrutschen. Jetzt gehört das gebrauchte Kondom in den Abfalleimer. Penis und Hände werden gewaschen, um restliche Spermien komplett zu entfernen.

Verwendet zur besseren Gleitfähigkeit nur wasserlösliche Gleitmittel. Fett- oder ölhaltige Substanzen greifen das Kondom an, sodass es zerreißen kann. Die Kondome sind mit Befeuchtungsmitteln präpariert, die manchmal auch samentötende Substanzen enthalten. Mögliche seltene Nebenwirkungen können Unverträglichkeiten gegen diese Stoffe oder eine Latex-Allergie sein. Dann sollte dein Freund mit seinem Arzt sprechen.

## Ist Coitus interruptus im Notfall eine gute Verhütungsmethode?

▶▶ Der Coitus interruptus ist eine »Methode«, die allein vom Mann ausgeht: Er zieht sein Glied vor dem Samenerguss, das heißt kurz vor dem Orgasmus, aus der Scheide. Die Methode ist zwar absolut unsicher, aber immer noch besser, als gar nicht zu verhüten. Wörtlich bedeutet Coitus interruptus »unterbrochener Geschlechtsverkehr«; er wird auch »Aufpassen« oder »Rückzieher« genannt. Der Pearl-Index liegt zwischen 4 und 18. Anders gesagt: Wer regelmäßig durch den Coitus interruptus verhütet, bekommt irgendwann mit an Sicherheit grenzender Wahrscheinlichkeit ein Kind.

Diese Methode ist auch deshalb so gefährlich, da oft schon vor dem Erguss Samenflüssigkeit aus dem Penis austritt (der sogenannte »Lusttropfen«), in die Scheide gelangt und zur Befruchtung führen kann. Oder der Samenerguss kommt schneller als erwartet. Wollt ihr nach der Unterbrechung den Geschlechtsverkehr fortsetzen, sollte sich dein Freund zunächst gründlich waschen. Das Gleiche gilt für dich, wenn du mit dem Sperma in Berührung gekommen bist. Der unterbrochene Verkehr schützt euch auch nicht vor Geschlechtskrankheiten.

## Gibt es Tage, an denen man risikolos miteinander schlafen kann?

Die gibt es – und ihr könnt diese Tage gemeinsam mithilfe der Temperaturmethode oder besser noch mit der oben beschriebenen symptothermalen Methode feststellen. Diese Methode lernt ihr am besten in einem kleinen Kurs, bei dem euch eine ausgebildete Beraterin oder ein Berater an vier Abenden innerhalb von drei Monaten die Natürliche Familienplanung (NFP) genau erklärt.

## Gibt es eigentlich die todsichere Verhütungsmethode?

▶▶ Die sicherste aller Verhütungsmethoden ist Enthaltsamkeit – ohne Eingriff und ohne Nebenwirkungen. Mit anderen Worten: Die einzige Methode, mit der ihr sicher kein Kind bekommt, lautet: nicht miteinander schlafen. Über diesen Punkt muss man bei aller Verliebtheit und bei allem Verlangen nach Sex nüchtern nachdenken: Am besten solltet ihr erst dann miteinander schlafen, wenn ihr wirklich als Paar eine Zukunft habt und die Zeugung eines Kindes bei allen Schwierigkeiten nicht das ungeheure Desaster wäre, das sie vielfach darstellt.

▶▶ Eine fast hundertprozentig sichere Methode, die aber für junge Männer nicht in Frage kommt, ist die Sterilisation des Mannes mit einem Pearl-Index von 0,25. Das heißt: Ein Mann von 400 operierten Männern bleibt zeugungsfähig. Der Arzt durchtrennt dazu die Samenleiter. Dieser ambulante Eingriff (er kostet etwa 500 Euro, die die Kassen nur bei gesundheitlichen Gründen übernehmen) wird auch Vasektomie genannt. Danach sind im Ejakulat keine Spermien mehr vorhanden. Die Sterilisation ändert nichts an der Lust auf Sex, an der Versteifung des Penis oder an der Ejakulation. Da der Mann nach diesem Eingriff keine eigenen Kinder mehr zeugen kann, muss seine Familienplanung bereits abgeschlossen sein.
Grundsätzlich geht man bei der Vasektomie davon aus, dass sie

endgültig ist. Die heutige Mikrochirurgie ist jedoch in der Lage, fast alles rückgängig zu machen, auch eine Vasektomie. Doch selbst wenn die sogenannte Refertilisierung (»Wiederfruchtbarmachung«) technisch erfolgreich ist, heißt das noch lange nicht, dass man wirklich wieder zeugungsfähig ist. Je länger die Vasektomie zurückliegt, desto unwahrscheinlicher ist ein Erfolg.

▶▶ Auch für die Frau ist die Sterilisation zwar eine der sichersten Verhütungsmethoden, aber auch eine endgültige. Der Pearl-Index liegt bei 0,1, also in nur einem von 1000 Fällen versagt die Sterilisation. Sie ist kaum rückgängig zu machen. Der Eingriff bewirkt, dass die Eizelle nicht mehr in die Gebärmutter gelangt. Meist unter Vollnarkose werden die Eileiter dazu an einer Stelle verschlossen und oft zusätzlich auch die Abschnitte der Eileiter durchtrennt, in denen die Befruchtung mit den Samenzellen stattfindet.
Menstruationszyklus, Hormonproduktion, Sexualtrieb und die Lust auf Liebe bleiben nach der Sterilisation unverändert. Eine Sterilisation muss sehr gut bedacht sein, da sie einen späteren Kinderwunsch ausschließt. Deshalb eignet sie sich nur für Frauen über 30 mit Kindern und für Frauen ab 35, die keine Kinder haben und auch keine bekommen wollen.

### Wie merke ich, dass ich schwanger bin?

Wenn deine Monatsblutung ausbleibt, ist das meistens das erste Anzeichen für eine Schwangerschaft. Spürst du zur gleichen Zeit ein Spannen in der Brust und eventuell auch morgendliche Übelkeit, bist immer müde, hast wenig Appetit oder ungewöhnlichen Heißhunger, leichte Blutungen oder Ausfluss, dann ist es ziemlich wahrscheinlich, dass du schwanger bist.

Du brauchst aber nicht zu warten, bis deine Regel nach einem ungeschützten Geschlechtsverkehr ausbleibt. Geh schnellstens zu deiner Ärztin oder deinem Arzt, die deine Blut- und Urinproben an Speziallabors schicken. Bereits acht Tage nach der Befruchtung kann damit eine bestehende Schwangerschaft festgestellt werden.

Du kannst dir aber auch einen gebrauchsfertigen Schwangerschaftstest für zu Hause in der Apotheke besorgen. Er kostet ab 7 Euro und ist sehr einfach durchzuführen. Er weist das im Urin enthaltene Schwangerschaftshormon HCG nach, das nur dann im Körper vorhanden ist, wenn sich eine befruchtete Eizelle in der Gebärmutter eingenistet hat. Auf diese Weise zeigt dir der Test ab dem ersten Tag der ausbleibenden Menstruation eindeutig an, ob du schwanger bist oder nicht.

Die meisten Test-Sets enthalten zwei Teststäbchen und funktionieren folgendermaßen: Das Teststäbchen, das wie ein flacher Kugelschreiber mit zwei Fensterchen aussieht, wird ausgepackt. Die Spitze, die mit saugfähigem Spezialpapier präpariert ist, hältst du ein paar Sekunden in den Urinstrahl. Danach schließt du das Stäbchen mit der beigelegten Hülse und wartest die angegebene Zeit ab (schau in die Gebrauchsanweisung!). Bist du schwanger, färben sich beide Fensterchen (manche Tests zeigen auch nur zwei farbige Striche). Bist du nicht schwanger, bleibt ein Fensterchen leer.

Darüber hinaus kann dein Arzt oder deine Ärztin schon zwei Wochen nach der Empfängnis mit einem Bluttest oder einer Ultraschall-Untersuchung eine Schwangerschaft bestätigen.

## Schwanger – was nun?

Wenn du spürst oder weißt, dass du schwanger bist, sprich mit deinem Freund – dem Vater des Kindes – darüber. Auch für ihn ist eine Schwangerschaft eine einschneidende Veränderung in seinem Leben. Zusammen könnt ihr euch überlegen und besprechen, welche Schritte zu tun sind. Vogel-Strauß-Politik und Erstarren in Hilflosigkeit ist jetzt nicht angesagt. Wartet nicht zu lange, um passende Hilfe zu bekommen.

Du kannst mit deiner besten Freundin, einem Arzt oder dem Pfarrer sprechen, um mit deinen Gedanken ins Reine zu kommen. So rasch wie möglich solltest du außerdem zusammen mit deinem Freund zu einer Beratungsstelle gehen. Rat und Hilfe bieten zum Beispiel das Gesundheitsamt (Stelle »Hilfe für Mütter und Kind«), der Sozialdienst katholischer Frauen, die Stiftung donum vitae, die Ehe-, Familien- und Lebensberatung der Diözese oder die Evangelische Beratungsstelle für Eltern-, Jugend- und Lebensfragen an, deren Nummer du im Telefonbuch findest. Du kannst dich auch an »pro familia« wenden, obwohl man dort erfahrungsgemäß rasch mit der Möglichkeit einer Abtreibung bei der Hand ist.

Bei allen Beratungsstellen wird über deine Schwangerschaft vorurteilsfrei und ohne erhobenen Zeigefinger gesprochen und du kannst dich auch über die weiteren Schritte informieren: Wie kann es weitergehen, wenn ich das Kind bekommen will? Wie soll es weitergehen, wenn ich das Kind nicht bekommen will?

Es ist verständlich, dass dir bei dem Gedanken nicht wohl ist, mit deinen Eltern über die Schwangerschaft zu reden. Trotzdem ist es natürlich das Beste, wenn du dich ihnen anvertraust.

## Was ist, wenn mein Freund das Kind nicht will?

Das ist schmerzlich und von deinem sogenannten Freund verantwortungslos. Denn er hat das Kind gezeugt, er ist also genauso betroffen wie du. Aber du musst wissen: Du bist die Schwangere und nur du entscheidest. Du solltest dich von niemandem unter Druck setzen lassen. Natürlich sind viele Mädchen und Frauen in einer solchen Situation hin- und hergerissen, und es fällt ihnen schwer, eine Entscheidung zu treffen: Einerseits wächst Leben heran, andererseits gibt es Umstände, die ein Leben mit diesem Kind sehr schwierig machen würden. Besprich dich mit deinen Eltern und mache unbedingt einen Besuch bei einer der schon genannten Beratungsstellen. Dort ist man dir behilflich, klärt mit dir deine individuelle Lage und gibt dir Hilfen, eine Entscheidung zu finden, zum Beispiel, welche ganz konkrete rechtliche, finanzielle und psychologische Unterstützung es für dich gibt.

## Was ist, wenn ich das Kind nicht will?

Frauen können weder gezwungen werden, die Schwangerschaft auszutragen noch die Schwangerschaft abzubrechen. Ob eine Schwangerschaft abgebrochen wird oder nicht, entscheidet ganz allein die Frau. Auch die Zustimmung der Eltern ist dazu nicht notwendig. Du musst dir genau überlegen, aus welchen Gründen du das Kind nicht willst: Steht dein Partner nicht zu dir? Ist deine Ausbildung oder dein Arbeitsplatz gefährdet? Fürchtest du dich vor finanziellen Schwierigkeiten? Fühlst du dich schlichtweg mit allem überlastet?
Nutze das Hilfsangebot der anerkannten Beratungsstellen, wenn du die Schwangerschaft abbrechen lassen willst, wenn dich die Aussicht auf ein kleines Kind überfordert oder wenn du daran denkst, dein Kind zur Adoption freizugeben.
Hast du dich für einen Abbruch entschieden, solltest du dich immer an einen Arzt wenden. Der Arzt untersucht dich und informiert dich über den Eingriff und die damit verbundenen Risiken.
Über eines musst du dir allerdings von vornherein im Klaren sein: Ein Schwangerschaftsabbruch muss sehr gut überlegt sein und von innen heraus gefühlt werden. Er hinterlässt bei fast allen Frauen körperliche und seelische Spuren – bei manchen ein Leben lang.

## Welche Methoden des Schwangerschaftsabbruchs gibt es?

➡ Wenn es mit der Verhütung nicht geklappt hat, weil zum Beispiel das Kondom abgerutscht ist, kannst du innerhalb der nächsten 12 bis 72 Stunden nach diesem ungeschützten Geschlechtsverkehr die sogenannte »Pille danach« nehmen. Sie verhindert das Eintreten einer Schwangerschaft, weil sie zum Abgang der bereits befruchteten Eizelle führt. Diese Methode gilt nach dem Gesetz noch nicht als Abtreibung, da sich zum Zeitpunkt der Medikamenteneinnahme die Eizelle noch nicht in der Gebärmutter eingenistet hat. (Das passiert fünf bis sechs Tage nach der Befruchtung.) Die katholische Kirche lehnt diese Lösung als unethisch ab, weil zu diesem Zeitpunkt durch die Vereinigung der beiden Zellen bereits ein neuer Mensch entstanden ist.

Die »Pille danach« ist kein Verhütungsersatz und nur für den absoluten Notfall gedacht. Sie ist verschreibungspflichtig und du erhältst sie nur beim Arzt, in einer Krankenhausambulanz oder bei pro familia.

▶▶ Eine der gebräuchlichsten Möglichkeiten, die Schwangerschaft chirurgisch zu beenden, ist das operative Absaugen. Medizinisch gesehen gibt es die wenigsten Komplikationen in der achten bis zehnten Schwangerschaftswoche. Beim Absaugen hat die Patientin die Wahl zwischen einem Eingriff mit örtlicher Betäubung oder unter Vollnarkose. Während der Narkose reinigt der Arzt die Scheide und erweitert den Muttermund langsam. Dann schiebt er ein dünnes Röhrchen, das mit einer Saugpumpe verbunden ist, in die Gebärmutter ein. Damit kann er den Embryo und den Mutterkuchen absaugen. Dieser Eingriff dauert etwa zehn bis fünfzehn Minuten. Um Gewebereste vollständig zu entfernen, kann der Arzt die Gebärmutter anschließend ausschaben. Meist werden die Patientinnen ambulant versorgt und dürfen nach ein paar Stunden wieder nach Hause. Zwei bis drei Tage nach dem Eingriff sind Schonung und Ruhe nötig. Etwa zwei Wochen später findet eine medizinische Nachuntersuchung statt.

▶▶ Alternative zum chirurgischen Eingriff ist der medikamentöse Schwangerschaftsabbruch per **Abtreibungspille**. Ihr Wirkstoff bewirkt, dass die in der Gebärmutter eingenistete Eizelle abgestoßen wird. Dieser Eingriff kann schon zu einem Zeitpunkt vorgenommen werden, zu dem die Absaugmethode noch nicht in Frage kommt. Er wird meist zwischen der achten und zehnten Schwangerschaftswoche angewendet und darf nur unter strenger ärztlicher Kontrolle in dafür zugelassenen Kliniken oder Arztpraxen durchgeführt werden. Die gesetzlichen Regelungen zum Schwangerschaftsabbruch gelten auch für den medikamentösen Abbruch.

## Wann ist ein Schwangerschaftsabbruch erlaubt?

Sicherlich hast du in den Medien verfolgt, dass beim Thema Schwangerschaftsabbruch in unserer Gesellschaft die Meinungen weit auseinander gehen. Schon allein das Wort »Schwangerschaftsabbruch« oder gar »Schwangerschaftsunterbrechung« (als ob man die Schwangerschaft nach einer kleinen Pause einfach fortsetzen könnte) halten viele Menschen für eine unzulässige Beschönigung. Fakt ist, dass hier das Leben eines Kindes – und nicht ein bestimmter Zustand einer Frau – beendet wird. Das weiß auch der Staat, der nach seiner Verfassung dazu verpflichtet ist, das Leben seiner Bürger als höchstes Rechtsgut zu schützen. Wegen des Problems der illegalen Abtreibungen haben sich unsere höchsten Verfassungsrichter in Deutschland aber zu einer sehr komplizierten Gesetzgebung entschlossen: Abtreibung ist weiterhin ungesetzlich; sie bleibt aber unter bestimmten Bedingungen straffrei.
Das ungeborene Kind hat ein Recht auf Leben, das vom Staat

von Anfang an geschützt wird. Erlaubt ist deshalb ein Schwangerschaftsabbruch im eigentlichen Sinne nie – und weil er ein menschliches Leben zerstört, ist er grundsätzlich ein Unrecht. Aber es gibt verschiedene rechtliche Abstufungen. Wer eine Schwangerschaft abbricht, so heißt es im Strafgesetzbuch, muss mit einer Freiheitsstrafe bis zu drei Jahren oder mit einer Geldstrafe rechnen. Der an sich rechtswidrige Schwangerschaftsabbruch bleibt in Deutschland nur dann straffrei, wenn die folgenden Bedingungen erfüllt sind:

- Die Frau hat den Abbruch gegenüber der Ärztin oder dem Arzt selbst verlangt.
- Sie kann eine fachkundige Beratung bei einer der anerkannten Beratungsstellen gegenüber der Ärztin oder dem Arzt nachweisen.
- Zwischen dieser Beratung und dem Abbruch liegen mindestens drei Tage.
- Zwischen der Empfängnis und dem Schwangerschaftsabbruch sind nicht mehr als zwölf Wochen verstrichen.

Frauen, die ungewollt schwanger werden, können in eine Krise geraten, die alle Bereiche ihres Lebens berührt. Die Beratung hat daher den gesetzlichen Auftrag, den betroffenen Mädchen und Frauen zuallererst Wege für ein Leben mit dem Kind aufzuzeigen. Die Beraterinnen und Berater vermitteln ihnen die dafür nötigen Hilfen und unterstützen sie dabei, alle Gesichtspunkte ihres folgenschweren und verantwortungsvollen Schrittes noch einmal zu überdenken. In der Praxis bietet die Beratung ausführliche medizinische Informationen. Die Frau erfährt das Wesentliche über ihre Rechtsansprüche und Hilfsangebote und darüber, wer sie dabei unterstützt, diese Ansprüche auch durchzusetzen. Außerdem vermitteln die Beraterinnen und Berater konkrete Hilfe bei der Wohnungssuche und der Kinderbetreuung und suchen nach Möglichkeiten, wie die Schwangere gegebenenfalls ihre Ausbildung beenden kann.

Die Beratung hat den gesetzlichen Auftrag, für das Kind zu sprechen, trotzdem soll die Frau nicht bevormundet, einseitig beeinflusst oder bedrängt werden. Die letzte Entscheidung trifft sie ganz alleine. Diese Beratung ist zugleich eine der Voraussetzungen für einen straffreien Schwangerschaftsabbruch. Wenn das Gespräch abgeschlossen ist und alle Möglichkeiten der Konfliktberatung ausgeschöpft sind, stellt die Beratungsstelle auf den Wunsch der Frau hin eine Bescheinigung aus, die ihre Schwangerschaftskonfliktberatung bestätigt.

Die Beratung ist kostenlos und dauert in der Regel eine Stunde, kann aber auf Wunsch fortgesetzt oder wiederholt werden. Man kann auch mehrere Beratungsstellen aufsuchen. Die kirchlichen Stellen (die jedermann beraten, auch Menschen ohne kirchliche Bindung) bieten für den Fall, dass eine Frau sich für ihr Kind entscheidet, noch weiter gehende, auch materielle Hilfe an. Die Frau kann auf Wunsch gegenüber der Beraterin anonym bleiben.

## Schaffe ich das – ein uneheliches Kind zur Welt zu bringen und aufzuziehen?

Was für die meisten Grund zur Freude ist, löst bei anderen ein Chaos der Gefühle aus und bringt einen Berg scheinbar unlösbarer Probleme mit sich. Zahllose Fragen stürzen mit einem Mal auf dich ein und stellen dich vor eine große Verantwortung. Wovon soll ich mit dem Freund und dem Baby leben? Kann ich die Ausbildung oder Schule fortsetzen? Hält unsere Beziehung das

Kind aus? Kann ich dem Druck des Partners, der Familie standhalten oder muss ich nachgeben?

Oft fällt dann die Entscheidung gegen ein Kind aus dem Gefühl der Ausweglosigkeit heraus und in Unkenntnis der möglichen Hilfen. Deshalb ist es enorm wichtig, dass du in so einem Fall allein oder mit deinem Freund eine der Beratungsstellen besuchst. Schwangerenberatungsstellen, Gesundheitsämter, Ämter für Versorgung und Familienförderung, Sozialämter oder die gesetzlichen Krankenkassen können dir auf jeden Fall weiterhelfen. Sie können wirksame Hilfe zusichern, dich bei Antragstellung oder der Zusammenarbeit mit anderen Ämtern und Institutionen begleiten und gemeinsam mit dir neue Perspektiven entwickeln.

# KAPITEL 8

*Kein Tabu:
Anders sein*

## Schwul? Lesbisch? Was ist das?

Die Worte »schwul« und »lesbisch« kennzeichnen männliche beziehungsweise weibliche Homosexualität. Einen Mann, der sich sexuell hauptsächlich für Männer interessiert, bezeichnet man als schwul. Eine Frau, die sich sexuell hauptsächlich für Frauen interessiert, nennt man lesbisch. Diese beiden Begriffe, die früher als Schimpfworte gebraucht wurden, haben sich heute im allgemeinen Sprachgebrauch durchgesetzt.
Ob in einer Gesellschaft Homosexualität als natürlich oder abnormal gesehen wird, hängt von den jeweiligen kulturellen Normen ab. In unserem Kulturraum galt Homosexualität lange Zeit als Tabu, als unnatürlich, krankhaft und kriminell. Im heutigen Werte- und Normenwandel, der auch in den Bereichen Sexualität und Partnerschaft um sich greift, wird diese sexuelle Prägung immer mehr akzeptiert. Es hat sich die Einsicht durchgesetzt, dass man keinen Menschen deshalb verurteilen darf, weil er anders empfindet als andere.

## Ist Homosexualität angeboren?

Man weiß noch immer nicht genau, worin die Ursachen dafür liegen, dass sich ein Mann in einen Mann und eine Frau in eine Frau verliebt. Bis heute streiten sich Wissenschaft, Forschung, Medizin und Psychologie, durch welche möglichen Auslöser Homosexualität hervorgerufen wird. Es gibt immer noch keine eindeutigen wissenschaftlichen Erkenntnisse darüber. Aber man hat versucht, über verschiedene Theorien eine Erklärung zu finden.

> *Was heißt eigentlich …*
>
> **… homosexuell und heterosexuell?** Die meisten Menschen sind sexuell auf das andere Geschlecht gepolt, sie sind heterosexuell. Das altgriechische *heteros* bedeutet »anders, verschieden«, *homoios* dagegen meint »gleich«.
>
> **… lesbisch?** Das Adjektiv lesbisch bezieht sich auf die griechische Insel Lesbos. Dort scharte Sappho (um 650 bis 590 v.Chr.), die größte Lyrikerin des Altertums, einen Kreis junger Mädchen im heiratsfähigen Alter um sich. Diese unterrichtete sie in Poesie, Musik, Gesang, Tanz und angeblich auch in der Liebe.

Die eine Richtung in der Wissenschaft nimmt an, dass die menschlichen Gene für eine homosexuelle Prägung verantwortlich sind. Das würde bedeuten, dass die Anlagen zur Gleichgeschlechtlichkeit vererbt werden können. Das andere Erklärungsmodell vermutet die Ursachen für die Homosexualität in der individuellen Entwicklungsgeschichte eines Menschen, und hier besonders in den frühen und prägenden Phasen wie zum Beispiel der Pubertät. Könnte es beispielsweise sein, dass ein Junge homosexuell wird, weil er bestimmte Rollen von Vater und Mutter nicht richtig erfahren hat?

Das Alter, in dem die meisten jungen Menschen ihre (wirkliche) sexuelle Ausrichtung kennenlernen, liegt bei Jungen zwischen 14 und 16, bei Mädchen zwischen 16 und 19 Jahren. Man hat auch getestet, ob sich die homosexuelle Orientierung verändern, also sozusagen »umpolen« lässt. Doch sämtliche psychotherapeutischen und psychiatrischen Versuche sind gescheitert.

Bis 1992 galt Homosexualität in den Augen der Weltgesundheitsorganisation (WHO) sogar noch als Krankheit. Erst dann wurde sie aus dem »Krankheiten-Katalog« gestrichen.

Auf keinen Fall empfehlenswert ist das »Ausprobieren«. Es gibt gewisse Entwicklungsphasen, in denen sowohl Mädchen als auch Jungen ansatzweise Neigungen zum eigenen Geschlecht haben. Wie bereits erwähnt, ist die menschliche Sexualität in gewisser Weise gestaltungsoffen. Mit anderen Worten: Man kann sie auch lenken. Es sollte dein Ziel sein, deine Sexualität in die natürlichen Bahnen zu lenken.

## Was ist, wenn ich homosexuelle Neigungen bei mir entdecke?

Viele Menschen haben im Verlauf ihrer ganz normalen Entwicklung vom Kind zum Erwachsenen homosexuelle Fantasien, Aktivitäten und Erfahrungen. Das ist die sogenannte Entwicklungshomosexualität in der Pubertät. Sowohl Mädchen als auch Jungen vergleichen sich dann nicht nur körperlich untereinander, sondern nehmen manchmal auch Intimhandlungen mit Geschlechtsgenossen vor.

Das ist kein Grund zur Besorgnis, denn etwa zur gleichen Zeit erwacht meist auch das Interesse für das andere Geschlecht. Bei einigen Jugendlichen erwacht das erste sexuelle Interesse auf gleichgeschlechtlicher Ebene, das heißt mit Geschwistern, Nachbarskindern, der besten Freundin, dem besten Freund oder mit Klassenkameraden. Aber meistens ist keiner dieser Kontakte wirklich homosexuell.

Wenn du meinst, tatsächlich und auf Dauer homosexuelle Neigungen bei dir zu entdecken, die darüber hinaus gehen, solltest du dich mit diesen Gedanken nicht allein herumquälen. Es gibt eine Vielzahl von Möglichkeiten, sich Klarheit zu verschaffen, Hilfe zu holen und über deine Entdeckung zu sprechen. Vielleicht kannst du deine Eltern darüber ins Vertrauen ziehen, dass du über deine sexuelle Orientierung unsicher geworden bist. Versuche sensibel vorzugehen.

Sprich mit guten Freunden über deine Situation oder wende dich an die Beraterinnen und Berater von Erziehungs-, Familien-, Sexual- und Lebensberatungsstellen.

### Ein bisschen »bi« – kann man erotische Neigungen für beide Geschlechter haben?

Bisexualität bedeutet Zweigeschlechtlichkeit. Bisexuell – kurz »bi« – bist du, wenn dich sowohl Jungen als auch Mädchen körperlich anziehen, wenn du dich in beiderlei Geschlecht in gleicher Weise verliebst und mit jedem von ihnen ins Bett möchtest. Viele Bisexuelle leben in bürgerlichen Existenzen und gehen ihrer Neigung heimlich nach.

### Was ist ein Coming-out?

Das »Coming-out« – »Herauskommen« oder »Heraustreten« – bedeutet, dass etwas öffentlich gemacht wird, was vorher niemandem bekannt war. Dieser moderne Begriff bezeichnet meistens den folgenden Prozess: Homosexuelle nehmen ihre sexuelle Orientierung wahr und bekennen sich öffentlich zu ihrer Veranlagung. Diese Klärung der eigenen Gefühle und Bedürfnisse beginnt häufig in der Pubertät und kann viele Jahre dauern, bei manchen sogar ein ganzes Leben lang.

### Gibt es Frauenfreundschaften, die nichts mit Homosexualität zu tun haben?

Natürlich, unbedingt! Freundschaft braucht keine sexuellen Bestandteile. Freundschaft ist gegenseitige Achtung und Verantwortung, Vertrauen, Hilfe, Anziehung, eine verbindliche Orientierung, Zuneigung und so manches mehr. Die beste Freundin ist eine äußerst wichtige Bezugsperson und Vertraute für dich. In einer guten Freundschaft könnt ihr euch gegenseitig motivieren und euch stärken. Die Trendforscher sagen voraus, dass die Zukunft weiblich sein werde. Das dritte Jahrtausend werde von den Frauen geprägt. Umso wichtiger ist es für Frauen und Mädchen, Frauenfreundschaften und Netzwerke zu pflegen. Mit Homosexualität hat das im Allgemeinen nichts zu tun.

## Händchen haltende Mädchen – sind die etwa lesbisch?

Mädchen haben oft enge Freundschaften mit anderen Mädchen. Sie sprechen mit ihnen über ihre Geheimnisse, Wünsche und Schwärme. Dazu gehört auch, dass sie untereinander Gefühle zeigen, sich einfühlsam für die Nöte der Freundin interessieren und einander Trost und Stärke geben. Körperkontakt wie das Händchenhalten ist nur eine Art, diese Verbundenheit zu zeigen. Die innigen Mädchenverbindungen ersetzen oft die Beziehungen zum anderen Geschlecht, zu den Jungen. Denn die Mädchen wollen die Jungen zwar kennenlernen, fürchten sich aber gleichzeitig auch davor. Mädchen, die enge Mädchenfreundschaften unterhalten, sind deshalb noch lange nicht lesbisch.
Es gibt übrigens auch Kulturen, in denen das »Händchenhalten« auf der Straße sogar zwischen erwachsenen Männern üblich ist – und zwar zwischen Männern, denen eine homosexuelle Beziehung nie in den Sinn käme.

# KAPITEL 9

*Horror:*
*Wenn Sex zum Albtraum wird*

## Ist Geschlechtsverkehr gefährlich?

In vielen Kulturen der Menschheit wird die Sexualität geschützt und in den Raum verwiesen, in dem Mann und Frau auf Dauer zusammenbleiben möchten, nämlich in der Ehe. Das hat den guten Sinn, dass Mann und Frau vor vielen sexuellen Katastrophen geschützt sind; es gibt keine Gefahr von Geschlechtskrankheiten und vor allem ein Kind ist dann kein Verhängnis mehr, sondern ein wunderbares Geschenk. Wenn sich Junge und Mädchen heute entschließen, auch vor der Ehe miteinander intim zu werden, müssen sie wissen, dass sie damit auch eine große Verantwortung für sich und den Partner übernehmen.

Geschlechtsverkehr, also miteinander schlafen, ist einerseits etwas Wunderbares, aber es ist auch nicht ungefährlich. Und das auf ganz verschiedene Weise: Du kannst dich mit einer Geschlechtskrankheit anstecken, du kannst ungewollt schwanger werden und du kannst dir psychische Probleme einhandeln.

Schlafe nur dann mit jemandem, wenn du wirklich Lust dazu hast und wenn du richtig geschützt bist. Es ist wichtig, dass du offen mit deinem Freund darüber sprichst, was du möchtest und was dir guttut. »Jungfrau« zu sein ist keine Schande, sondern deine persönliche Entscheidung.

Was dir vielleicht aber bei der Frage nach der Gefährlichkeit als Erstes in den Sinn kommt, ist, dass Geschlechtsverkehr deinen Körper gefährden könnte. Wenn du mit jemandem schläfst, besteht immer das Risiko, dich mit einer Geschlechtskrankheit anzustecken. Geschlechtskrankheiten sind Infektions-Krankheiten, die besonders beim Sex übertragen werden. Euer Ansteckungsrisiko ist gering, wenn ihr beide nicht infizierte, treue Partner seid, die keine sexuelle Vorgeschichte haben. Aber darüber müsst ihr sprechen, bevor ihr miteinander ins Bett geht!

## Wie bekommt man Geschlechtskrankheiten?

Geschlechtskrankheiten kannst du beim sexuellen Kontakt mit einem infizierten Partner bekommen, wenn ihr ohne Kondom miteinander schlaft. Riskant ist es besonders, wenn du häufig deine Partner wechselst.

Achte auch darauf, deinen Intimbereich täglich zu waschen und jeden Tag frische Unterwäsche anzuziehen. Milde Seife und Wasser reichen zur Reinigung völlig aus. So reduzierst du nämlich dein Ansteckungsrisiko, weil du es den Krankheitserregern nicht so leicht machst.

Ungeschützter Geschlechtsverkehr (also ohne Kondom) über Mund, Scheide oder Darm ist eine Einladung zu ungehinderter Ansteckung.

## Woran merkt man, dass man sich etwas »geholt« hat, und was kann man dagegen unternehmen?

Wenn du nach dem Geschlechtsverkehr bemerkst, dass deine Scheide juckt oder brennt (auch beim Pinkeln) und dass du Ausfluss hast, der unangenehm riecht, dann kannst du davon ausgehen, dass du dich angesteckt hast. Diese Gefahr besteht auch bei blutigen und/oder schleimigen Beimengungen im Kot, wenn du ein länger anhaltendes Druckgefühl im Bauch spürst, wenn du dich immer abgeschlagen oder müde fühlst, sowie bei Hautausschlägen oder Warzenbildung im Genital- oder Analbereich.
In solchen Fällen müsst ihr unbedingt zum Arzt – und zwar alle beide. Jungen gehen zum Urologen, Mädchen zum Frauenarzt. Denn ganz egal, welche Krankheit bei der Untersuchung festgestellt wird: Lässt sich nur der eine behandeln, steckt ihr euch immer wieder gegenseitig an. Pingpong! Auch während der gemeinsamen Behandlung ist Geschlechtsverkehr für euch tabu. Bevor ihr wieder miteinander schlafen könnt, muss der Arzt erst Entwarnung geben.
Übrigens unterliegt der Arzt der Schweigepflicht, die er nur dann brechen muss, wenn einer der Patienten die laufende Behandlung beispielsweise von Gonorrhöe oder Syphilis beendet. Den Namen muss der Arzt beim Gesundheitsamt melden.

## Welche Geschlechtskrankheiten gibt es?

Die Liste liest sich leider ziemlich schauderhaft: Infektionen mit Feigwarzen bzw. Chlamydien, Gonorrhöe oder auch Tripper, Herpes genitalis, Syphilis, Weicher Schanker, Pilzinfekte bis hin zu HIV (Aids). Hier ein paar Beispiele:

▶▶ Kugelförmige Bakterien, die **Chlamydien**, sind die häufigste Ursache für Geschlechtskrankheiten. Sowohl Frauen als auch Männer können Chlamydien-Infektionen bekommen. Viele der Angesteckten bemerken gar nicht, dass sie krank sind, weil man sich infizieren kann, ohne Beschwerden zu bekommen. Dabei ist das Risiko einer chronischen Krankheit enorm. Lässt du dich nicht dagegen behandeln, kann das unter Umständen schwere Folgen haben – das geht von einer Eileiterentzündung bis hin zur Unfruchtbarkeit.
Wenn sich Beschwerden bemerkbar machen, hast du bei Chlamydien Ausfluss, pochende Schmerzen im Unterleib oder ein brennendes Gefühl in den Geschlechtsorganen beim Wasserlassen. Chlamydien bekommt man gut mit einem Antibiotikum in den Griff.

▶▶ Auch die heute eher seltene **Gonorrhöe** (auch **Tripper** genannt) verläuft oft vollkommen schmerzfrei. Allerdings kommt es manchmal zu gelblich weißem Ausfluss, Schmierblutungen und Beschwerden beim Wasserlassen. Wer eine Gonorrhöe verschleppt, riskiert Unfruchtbarkeit.

▶▶ Bei **Herpes genitalis** entwickeln sich Gruppen von Bläschen an den Geschlechtsteilen, am After oder auch in der Mundhöhle. Die Bläschen enthalten Flüssigkeit und sitzen auf einem roten Untergrund. Sie können stark jucken oder schmerzhaft sein, gleichzeitig hat man Fieber oder geschwollene Lymphknoten. Die Bläschen verheilen von selbst, können aber immer wieder kommen. Herpes genitalis ist nicht heilbar und du bleibst für den Rest deines Lebens eine Ansteckungsgefahr für andere.

▶▶ **Syphilis** ist eine besonders gefährliche Geschlechtskrankheit. Hast du dich einmal angesteckt, können sich die Bakterien über die Blutbahn in deinem Körper ausbreiten und beispielsweise Probleme im Herzen, im Gehirn und im Rückenmark verursachen. Die unbehandelte Krankheit kommt scheinbar zum Stillstand und taucht dann nach 20 Jahren mit gefährlichsten Komplikationen wieder auf. Wenn du rechtzeitig mit dieser Krankheit zum Arzt gehst, kann er sie in den Anfangsstadien mit Penicillin bekämpfen.

## Was genau ist Aids?

Aids bezeichnet nämlich keine einzelne Krankheit, sondern eine ganze Sammlung verschiedener Symptome und Infektionen, die nur deshalb entstehen können, weil das HI-Virus bestimmte weiße Blutkörperchen, die T-Helferzellen, zerstört. Damit geht Schritt für Schritt das Immunsystem des Menschen kaputt.
Das HI-Virus befällt die Zellen des Abwehrsystems, vermehrt sich in ihnen, setzt sie außer Gefecht und zerstört sie am Ende. Infektionen, die ein gesunder Mensch vielleicht nicht einmal bemerkt, können bei HIV im Blut schwere Entzündungen der Organe verursachen. Das führt oft über kurz oder lang zum Tode.
Also: Zuerst infiziert man sich mit dem HI-Virus und dann erst entwickelt sich Aids wegen der Immunabwehrschwäche. Das körpereigene Abwehrsystem kämpft zwar mit Abwehrstoffen (Antikörpern) gegen das eingedrungene Virus, ist aber machtlos und kann HIV nicht aus dem Körper entfernen. Dann haben Krankheiten wie Tuberkulose, Lungenentzündung, Hautkrebs (z. B. das Kaposi-Sarkom), Lymphdrüsenkrebs oder Gehirnent-

zündungen leichtes Spiel. Aids ist das todsichere Ende der HIV-Infektion.
Geschätzt wird, dass zurzeit weltweit 40 Millionen Menschen mit dem Virus infiziert sind, davon in Deutschland knapp 50 000.

## Wie kann man Aids bekommen?

Aids ist eine Krankheit, die hauptsächlich sexuell übertragen wird. Das HI-Virus treibt sich nämlich am liebsten im Blut und in der Samen- oder Scheidenflüssigkeit eines infizierten Menschen herum. Im Speichel, Urin, Kot und in Tränen sind die Virusmengen für eine Ansteckung zu gering. Jetzt muss das Virus einen Weg finden, um in die Blutbahn eines anderen Menschen zu gelangen.

*Was heißt eigentlich ...*

... **Aids**? Aids ist die Abkürzung für das englische *Acquired Immune Deficiency Syndrome:* Übersetzt heißt das ungefähr »Krankheitsbild der erworbenen Abwehrschwäche«.

... **HIV**? Die Abkürzung HIV kommt aus dem Englischen und bedeutet *Human Immunodeficiency Virus,* auf Deutsch etwa »menschliches Immunabwehrmangel-Virus«.

Es gibt verschiedene Übertragungsmöglichkeiten. Beim Geschlechtsverkehr zum Beispiel kann das Virus über die Schleimhäute von Scheide, Penis und Enddarm oder über die Mundschleimhaut (wenn Sperma in den Mund kommt) in deinen Körper gelangen. Sind die Schleimhäute verletzt oder entzündet, erhöht das dein Risiko. Deswegen bist du extrem gefährdet, wenn du ungeschützten Sex hast – also ohne Kondom. Wenn du Vaginalverkehr während der Monatsblutung hast, erhöhst du das Ansteckungsrisiko zusätzlich. Sollte dein Freund infiziert sein, kann HIV mithilfe seiner Samenflüssigkeit durch die verletzte Schleimhaut der Gebärmutter in deine Blutbahn gelangen.
Anfangs wurden vor allem homo- und bisexuelle Männer und Drogenabhängige krank. Jetzt nimmt aber der Übertragungsweg zwischen Mann und Frau zu. Auch Fixer, die ihre Spritzen und Nadeln teilen, leben riskant. HIV-infizierte Mütter können ihr Kind im Mutterleib, während der Geburt und beim Stillen anstecken.

## Wie kann ich mich und meinen Partner vor Aids schützen?

Dein einziger echter Schutz vor einer HIV-Infektion ist, dass du eine Ansteckung vermeidest.
Das beste Mittel gegen Aids ist Treue. Einen absoluten Schutz gibt es nur, wenn zwei nicht infizierte Partner einander vollständig und lebenslang treu sind. Alles andere gehört nur zu den zweitbesten Möglichkeiten. Wenn du dazu nicht bereit bist, halte dich an Folgendes:

- Besprich dich unbedingt mit deinem Freund.
- Praktiziert Safer Sex und schützt euch beim Sex mit Kondomen. Immer.

Beim Zusammensein mit einem neuen Sexualpartner solltet ihr unbedingt ein Kondom benutzen, so könnt ihr das Risiko deutlich verringern.

Oder ihr praktiziert Safer Sex. Ihr seid dabei zwar sexuell zusammen, tauscht aber keine Samen- oder Scheidenflüssigkeit aus (auch nicht über den Mund), kein Blut gelangt vom Körper deines Partners in deinen eigenen. Vielleicht entdeckt ihr auf diese Weise, dass ihr auch ohne eigentlichen Geschlechtsverkehr Spaß haben könnt.

Bevor du in einem Notfall erste Hilfe leistest, nimm dir aus dem Erste-Hilfe-Kasten immer die Schutzhandschuhe und verwende bei Mund-zu-Nase-Beatmung eine einfache Mundmaske. Wenn du Blut auf ungeschützte Hautflächen bekommst, kannst du das HI-Virus mit 70-prozentigem Isopropyl-Alkohol schachmatt setzen.

## Wo finde ich eine Aids-Beratung?
## Wo kann ich einen HIV-Test machen lassen?

Es gibt viele Stellen, an die du dich mit allen Fragen, die du zu Aids hast, wenden kannst: an jeden niedergelassenen Arzt oder an die freien und kirchlichen Aids-Beratungsstellen, an die Aids-Hilfe oder an das Gesundheitsamt in deiner Stadt. Adressen und Telefonnummern – auch für Österreich und die Schweiz – findest du auf Seite 206 ff.

Ein HIV-Test ist in Deutschland, Österreich und der Schweiz

freiwillig und anonym. Du kannst dich bei deinem Hausarzt und in Krankenhäusern (vorher nachfragen) testen lassen oder auch zum Gesundheitsamt gehen. Bei diesem Amt bleibst du ganz anonym, weil du deinen Namen nicht zu nennen brauchst, sondern eine Code-Nummer bekommst. Bei Blut-, Organ- oder Samenspenden wird der HIV-Test automatisch durchgeführt.

### Muss ich meinen Kontakt zu jemandem abbrechen, der Aids hat?

Wie du nun weißt, kann das HI-Virus nur über das Eindringen von Körperflüssigkeiten übertragen werden. Alle Kontakte, bei denen dieser Weg möglich ist, sind für dich prinzipiell riskant. Bei alltäglichen Kontakten mit HIV-Positiven wird das Virus nicht übertragen: Händeschütteln, Wangenküsse, Zusammenleben in einem gemeinsamen Haushalt, gemeinsames Arbeiten bergen also keine Gefahr. Das gefährliche Virus wird auch nicht durch Mücken oder durch andere Tiere übertragen.

Wenn du nicht willst, brauchst du also zu einem aidskranken Menschen nicht auf Distanz zu gehen, sondern kannst dich ganz normal verhalten.

## Was ist eigentlich sexueller Missbrauch?

Man spricht von sexuellem Missbrauch, wenn ein Erwachsener ein Kind (oder ein Mann eine Frau) dazu zwingt, mit ihm sexuellen Kontakt zu haben. Dazu gehört bereits, wenn der Ältere deine Zärtlichkeit benutzt, um seine Sexualität anzuregen oder zu befriedigen, wenn er versucht, dich zu Zärtlichkeiten zu überreden, und von dir verlangt, niemandem davon zu erzählen. Kurz: wenn du dich nicht mehr wohl und geborgen fühlst, sondern bedrängt und benutzt. Um es ganz klar zu sagen: Es gibt nie und unter keinen Umständen die Möglichkeit zu Sex zwischen Erwachsenen und Kindern, selbst wenn du (aus welchen Gründen auch immer) meinen solltest, du müsstest einem Erwachsenen einen Gefallen tun, etwa aus dem Gefühl heraus, du seist diesem Menschen Dank schuldig oder müsstest ihm gefällig sein. Was er von dir verlangt, ist die Teilnahme an einem Verbrechen.

Einige Beispiele für sexuellen Missbrauch: Man zwingt dich, gierige Blicke und sexuelle Redensarten zu ertragen. Man zwingt dich zu Zungenküssen, dazu, dich nackt zu zeigen oder dich berühren zu lassen. Der Erwachsene zwingt dich, ihn nackt zu sehen, ihn anzufassen, ihn mit der Hand oder dem Mund zu befriedigen. Er will mit dir pornografische Abbildungen ansehen oder möchte sogar, dass du bei Pornoaufnahmen mitmachst. Er zwingt dich zum Geschlechtsverkehr über Scheide, Mund oder Darm, er nimmt dazu seine Finger, Gegenstände oder seinen Penis.

Für viele Mädchen und Jungen beginnt der sexuelle Missbrauch manchmal schon im Säuglings- und Kleinkindalter. Meistens sind die Täter Männer, denen das Kind vertraut ist (nur manchmal fügen auch Frauen Kindern sexuelle Gewalt zu). Und zwar kann sexuelle Gewalt durch Männer sich sowohl auf Mädchen als auch auf Jungen beziehen. Der Täter ist etwa ein Freund der Familie, der Nachbar, der Babysitter oder der Sporttrainer. Aber – und das ist das eigentlich Schlimme – viele Täter kommen direkt aus der Familie: Vater, Stiefvater, Opa, Onkel … Sie wollen sich mit der sexuellen Gewalt das Gefühl von Überlegenheit, Befriedigung und Sicherheit verschaffen. Die sexuelle Befriedigung ist für sie meist nur zweitrangig.

Für dich bedeutet das: Jemand will dich ausbeuten. Dieser Mensch liebt dich nicht, sondern benutzt deine Liebe, deine Abhängigkeit oder dein Vertrauen. Er beschädigt deine Seele rücksichtslos. Du musst dir darüber klar sein, dass es keine Entschuldigung oder Ausrede für einen solchen Täter gibt. Er ist voll verantwortlich für sein Handeln. Kinder tragen niemals die Verantwortung für einen sexuellen Übergriff.

## Kann ich einen Erwachsenen anzeigen, der versucht, sich mir sexuell zu nähern oder der mich missbraucht?

Selbstverständlich. Auf sexuellen Missbrauch stehen Freiheitsstrafen von sechs Monaten bis zu zehn Jahren. Allein schon der Versuch des sexuellen Missbrauchs eines Kindes ist strafbar.
Du hast ein Recht auf Selbstbestimmung über deinen eigenen Körper! Vielen Mädchen und Jungen ist das gar nicht klar.

Besonders kleinere Kinder sind sehr verstört und verwirrt und können dann gar nicht benennen, was mit ihnen geschieht. Selbst Jugendlichen fehlen oft die Worte – sie fühlen sich nur abgrundtief mies und mutterseelenallein mit ihrer Geschichte. Da es keine einfachen und eindeutigen Antworten oder vorbereitete Handlungsanweisungen gibt, ist es am besten, wenn du dir Unterstützung suchst. Für jedes einzelne Kind muss nämlich eine angemessene Hilfe und Lösung gesucht und gefunden werden.

Vielleicht könntest du, bevor du zur Polizei gehst, zunächst mit dem Vertrauenslehrer in der Schule oder mit einem Pfarrer deines Vertrauens sprechen. Du kannst aber auch kostenlos beim Kinder- und Jugendtelefon anrufen (Telefon 0800 111 0 333). Rat und Hilfe findest du auch beim Jugendamt (ruf einfach die Telefonzentrale in deiner Heimatstadt an und lass dich verbinden), bei der Telefonseelsorge (auf den ersten Seiten im Telefonbuch unter Notruf) oder bei pro familia. Dein Arzt kann ebenfalls eine Anlaufstelle sein.

### Soll ich etwa meinen eigenen Vater anzeigen?

»Wenn du was sagst, hat dich der Papa nicht mehr lieb«: Wenn der eigene Vater der Missbraucher ist, dann ist das Kind in einer wirklich scheußlichen Lage. Damit sie leben und wachsen können, brauchen Mädchen und Jungen ihre Eltern. Sie brauchen Liebe, Zärtlichkeit, Hilfe und Schutz. Darauf sind Kinder einfach angewiesen. Und wenn ein Elternteil (aus welchen Beweggründen auch immer) dieses lebensnotwendige Bedürfnis benutzt, um seine sexuellen Wünsche zu befriedigen, dann macht er sich strafbar. Zu Hause, wo ein Kind ganz besonders

geborgen und sicher sein sollte, ist es seiner Gewalt ausgeliefert.
Wenn dir so etwas zustößt, musst du dir unbedingt helfen lassen – und dazu kannst du auch deinen eigenen Vater anzeigen, wenn er deine Menschenwürde missachtet und dich verletzt.
Natürlich ist eigentlich deine Mutter diejenige, die dir am besten helfen könnte. Aber oft wissen Mütter von dem Verbrechen in der eigenen Familie und unternehmen trotzdem nichts dagegen, entweder weil sie sich unter Druck befinden oder weil sie nichts davon wissen wollen. Aber vielleicht gibt es ja in der Verwandtschaft oder Nachbarschaft einen Menschen mit Kraft und Mut – Oma oder Opa, eine couragierte Tante, einen Nachbarn, der sich von nichts und niemanden einschüchtern lässt. Du musst nur ein bisschen nachdenken.
Aber manchmal ist wirklich niemand da und du musst dir selbst helfen. Sexueller Missbrauch von Kindern ist immer eine Straftat und du solltest dir gut überlegen, mit wem du über deine Situation sprechen kannst. Du kannst dieselben Leute ansprechen, die auch auf Seite 174 empfohlen werden: die Vertrauenslehrerin in der Schule, deinen Pfarrer, deinen Arzt, das Jugendamt, pro familia oder das Kinder- und Jugendtelefon (kostenlose Telefonnummer 0800 111 0 333). Du musst dir unbedingt Unterstützung holen.
Erstattest du nun Anzeige bei der Polizei, dann bringst du ein Ermittlungsverfahren in Gang. Darauf musst du vorbereitet sein. Wichtig ist, dass du weißt, was zu deinem Schutz unternommen werden kann und welche Konsequenzen deine Anzeige hat.

## Können auch Jungen vergewaltigt werden?

Auch Jungen können Opfer sein und vergewaltigt werden. Immer dann, wenn ein Mensch gegen seinen Willen mit Gewalt oder Drohungen zu sexuellen Handlungen gezwungen wird, ist das eine Vergewaltigung. Man schätzt, dass in Deutschland von zehn Jungen ein bis zwei schon einmal missbraucht wurden.
Bei kleinen Jungen ist der Täter oft der Vater oder der Stiefvater, bei älteren Jungen sind es häufiger männliche Bekannte oder Autoritätspersonen, die die Jungen mit Geld oder anderen Geschenken bestechen. Es können aber auch Mütter und Stiefmütter sein. Anders als Mädchen holen sich Jungen übrigens viel seltener Hilfe oder sagen gegen den Täter aus. Sie schämen sich, weil sie glauben, sie müssten alleine mit der Situation fertig werden.
Darum: Sprich darüber, wenn du den Eindruck hast, etwas stimmt nicht! Nur dann kann sich etwas ändern.

## Warum dürfen Geschwister keine sexuelle Beziehung eingehen?

Wenn Menschen, die direkt miteinander verwandt sind, sexuelle Beziehungen haben, dann spricht man von Inzest oder, veraltet, von Blutschande. In beinahe sämtlichen Kulturen und Epochen war und ist Inzest zwischen Mutter und Sohn, Vater und Tochter und zwischen Geschwistern verboten. Das ist auch noch heute in Deutschland so. Wenn Volljährige mit ihren Geschwistern schlafen, drohen ihnen Freiheitsstrafen bis zu zwei Jahren. Hauptgrund für das Inzestverbot ist, dass die Kinder aus solchen Beziehungen sehr wahrscheinlich mit Erbschäden geboren werden.

# KAPITEL 10

*Ein dunkles Kapitel:
Das Geschäft mit dem Sex*

## Was ist Sexismus?

Wenn Menschen nur aufgrund ihres Geschlechtes benachteiligt oder abgelehnt werden, ist das Sexismus. Vor allem die Werbung und bestimmte Medien sind oft sexistisch. In der Jugend lernt das junge Mädchen beizeiten, wie es sein und sich benehmen soll, um etwas zu taugen. Sehr oft sieht man dann Szenen, in denen der starke, beruflich erfolgreiche, unabhängige, coole Mann auf die schöne, aber etwas einfältige Frau trifft. Selbst wenn das alles ironisch gemeint sein mag: Durch ein derart dümmliches Rollenbild werden Frauen gedemütigt und oft genug auch zum bloßen Sexualobjekt herabgewürdigt.

## Kann man Liebe kaufen oder verkaufen?

Liebe ist ein Gefühl. Und Gefühle sind unverkäuflich. Was man kaufen kann, ist Zuwendung in vielerlei Form. Heute gibt es sogar Menschen, die sich dafür bezahlen lassen, dass sie anderen zuhören – also für eine Form der Zuwendung. Man mag darüber denken, wie man will, aber alleine die Tatsache, dass

jemand bereit dazu ist, einem anderen nur dafür Geld zu geben, dass der sich hinsetzt und ihm – im wahrsten Sinn des Wortes – sein Ohr leiht, stimmt zumindest höchst bedenklich.
Was man ebenfalls kaufen kann, ist Sex. Männliche und weibliche Prostituierte verkaufen ihren Körper gegen Geld. Aber mit Gefühlen wie Liebe hat das nicht im Geringsten zu tun.

## Was ist Pornografie?

Nicht jedes Foto, das einen nackten Menschen zeigt, ist gleich Pornografie. Die Zeiten, in denen man sich über einen entblößten Busen oder Po aufregte, sind lange vorbei. Sogar in der Sixtinischen Kapelle und den vatikanischen Museen feiern die Bilder der großen Maler (Michelangelo und andere) die Schönheit des nackten Menschen. Und es gibt wunderbare Aktfotografien, die den paradiesischen Zauber des unbekleideten menschlichen Körpers zeigen. Natürlich sind diese Bilder »erotisch« und nicht nur »Kunst«. Man darf sie genießen und sich daran freuen.
Pornografie hat hingegen nichts mit Erotik zu tun. Sie ist eine Ausgeburt des (männlichen) Voyeurismus. Die Pornoindustrie vermittelt eine Bilderflut, die fast nur auf Geschlechtsteile fixiert ist, und ist somit eine Seite der Prostitution. Hier wird zwar nicht der Körper einer »leibhaftigen« Frau gekauft. Doch wer Pornografie konsumiert, erregt sich an Darstellungen, die genau das zeigen, was die Prostitution ebenfalls anbietet: Sex gegen Geld.
Ein Merkmal der Pornografie ist es, dass es ihr nie um die Menschen an sich geht, sondern immer nur um den Geschlechtsakt, um Geschlechtsmerkmale und Stellungstechniken. Zärtlichkeit,

Gefühle und Liebe, die zur Persönlichkeit eines Menschen gehören, haben in ihr keinen Platz.

Stattdessen werden Frauen oft als Wesen gezeigt, die nur darauf warten, vom Mann »genommen«, erniedrigt, gedemütigt oder gequält zu werden. So werden Frauen zum jederzeit verfügbaren, ständig bereiten und passiven Lustobjekt degradiert. Was du wissen solltest: Pornografische Hefte, Filme und Gegenstände dürfen nicht an Kinder und Jugendliche unter 18 Jahren verkauft oder ausgeliehen werden. Strafbar ist Pornografie nur, wenn sie Gewaltverherrlichung oder Sex mit Kindern und Tieren zeigt.

## Wer verdient am Porno-Business?

Die Zeitschrift »The Economist« beziffert den weltweiten Umsatz der Porno-Industrie auf rund 20 Milliarden Dollar im Jahr. Statistisch gesehen, wird jeder sechste Euro in Deutschland für Sex ausgegeben. Allein hierzulande wird jährlich rund eine Milliarde Euro für Porno-Angebote aus dem Internet hingeblättert, darüber hinaus kommen monatlich (!) 500 Pornofilme auf den Markt. Die Kosten für die Herstellung sind oft verhältnismäßig gering, die Gewinne vielversprechend. Bei Produktionskosten zwischen 25 000 und 50 000 Euro pro Film und steigender Nachfrage florieren die Geschäfte. Die Zahl der in diesem Gewerbe Beschäftigten wird auf mehrere hunderttausend geschätzt. Man spricht nicht umsonst von einer Porno-Industrie. Fast alles ist machbar, fast alles wird auch gemacht. Die Nachfrage regelt das Angebot. Es geht um Konsum und das Bedienen von – meist männlichen – Bedürfnissen. Das große Geld verdienen, wie in vielen anderen Berufszweigen auch, jedoch nur einige wenige Leute und Firmen.

Das ganz dicke Geschäft wird allerdings nicht nur mit »regulär« zu erhaltenden pornografischen Produkten gemacht, sondern mit einer Vielzahl verbotenen Materials. Hier ist besonders Kinderpornografie zu nennen, für die perverse Kunden astronomische Summen auf den Tisch legen. In diesem Fall sind es schlicht und einfach Kriminelle, die atemberaubende Summen daran verdienen. Dieses Geschäft ist durchaus vergleichbar mit Waffen-, Rauschgift- und Menschenhandel, gilt also zu Recht als Verbrechen, auf das hohe Strafen stehen, und zwar sowohl für die Anbieter als auch für die Nutzer.

Am schnellsten wäre es mit alledem zu Ende, wenn sich immer mehr Leute entschließen würden, pornografische Produkte konsequent abzulehnen und sie genauso zu ächten, wie man Drogen ächtet.

### Soll man Pornografie verbieten?

Studien zeigen eindeutig, dass es eine Verbindung zwischen harter Pornografie und gewalttätigen Sexualverbrechen wie Vergewaltigung, Mord und Körperverletzungen an Frauen und Kindern gibt. Mehr als drei Viertel aller Sexualverbrecher geben an, bei der Tat Praktiken ausprobiert zu haben, die sie in pornografischen Schriften oder Filmen gefunden hätten.

In der schärfsten Form, der Gewaltpornografie, wird Männern vermittelt, dass es ganz natürlich und selbstverständlich sei, Prostituierte auszubeuten, Frauen zu erniedrigen, zu misshandeln und zu vergewaltigen. Dorthin gehört auch die Kinderpornografie als gemeinster Ausdruck männlichen Machtmissbrauchs.

Sie besagt: Frauen und Kinder sind eine Handelsware für die

Sexualität der Männer. Man kann sie kaufen, verbrauchen, ja sogar umbringen.

Pornografie vermittelt, Treue sei langweilig, Sex habe keine Konsequenzen und man müsse sich für nichts moralisch verantworten. Sie sagt, dass man die eigenen sexuellen Wünsche rücksichtslos ausleben könne. Das hat verheerende Konsequenzen für alle Lebensbereiche, in denen Werte wie Liebe, Treue und Anstand gefragt sind.

Pornografie ist letztlich ein heimtückischer Angriff auf die Würde des Menschen. Jeder muss für sich entscheiden, wie er damit umgeht.

Jedem – ob Mann oder Frau – sollte klar sein, was Pornografie auslöst. Es ist eine Gewissensfrage, wie man zu Pornografie steht. Du musst dich entscheiden, dir eine Meinung bilden und sie offensiv vertreten. Das ist wie mit Zigaretten, Drogen und Alkohol: Niemand muss rauchen, niemand muss sich zukiffen, niemand muss sich betrinken. Doch wer es tut, muss wissen, was er damit persönlich riskiert.

## Jungen sind doch alle Spanner oder warum gucken die?

Ein bisschen Gucken schadet nicht. Jeder Mensch guckt. Sich am Anblick von jemand anderem zu erfreuen ist völlig in Ordnung. Angeguckt zu werden, weil man gut aussieht, ist ebenfalls okay. Welches Mädchen mag es nicht, dass man Gefallen an ihm findet? Das tut dem Selbstbewusstsein doch einfach gut.

Das Problem liegt ganz woanders: Es gibt mittlerweile, wie auf den Seiten vorher geschildert, eine ganze Industrie, die davon lebt, dass man »guckt« oder eben zum »Voyeur«, zu Deutsch:

zum »Spanner« wird. Es sind hauptsächlich Männer, die sich auf dieses »Spannen« einlassen. Das ist menschlich ziemlich entwürdigend – für den Spanner und auch für denjenigen, der von ihm auf diese Weise angegafft oder heimlich beguckt wird.
Ob es sich nun um Pornohefte, Peepshows oder Sexfilme handelt: Damit begibt sich der Gucker in die Hände einer Industrie, die nur eines will: seine Kohle. In unserer Gesellschaft spielt Voyeurismus eine immer größere Rolle. Aber Sexualität wird auf diese Weise zum Konsumartikel, zu einem besonders schmutzigen noch dazu. Die schönste Sache der Welt wird beziehungslos und anonym. Sie ist nur noch ein Wirtschaftsfaktor. Der Mensch bleibt dabei auf der Strecke. Falls du bei deinem Freund solche »Vorlieben« entdeckst, wäre es wichtig, mit ihm darüber zu sprechen.
Zum Thema Voyeurismus siehe auch: »Was ist eigentlich pervers?« (Kapitel 6, Seite 125)

### Telefon-Sex – die heiße Nummer?

In jedem Fall die heiße Nummer für die Anbieter. Denn die verlangen etwa im Jahr 2007 für ein Telefonat ab 1,99 Euro pro Minute. Das sind 19,90 Euro für zehn Minuten und 119,40 Euro für eine Stunde. Am anderen Ende der Leitung sitzt keineswegs eines der Mädchen, die in der einschlägigen Fernsehwerbung gezeigt werden, sondern irgendeine Frau, die dafür (schlecht) bezahlt wird, dass sie dem Anrufer vorgaukelt, wie toll sie ihn findet und wie heiß sie auf ihn ist. Vermutlich häkelt sie nebenbei oder löst Kreuzworträtsel. Den schmutzigen Deal muss man offen schildern: Die Frau hat die Aufgabe, den Telefonprostitu-

tionskunden durch geiles Wortgeklingel zum Orgasmus zu bringen. Das muss man sich einmal vorstellen.
Wohlgemerkt: Jede Minute, die der Freier – und um nichts anderes handelt es sich in diesem Fall – länger am Hörer bleibt, ist bares Geld für das Unternehmen, das die »heiße« Nummer geschaltet hat.

### Sex im Internet – was bringt das?

In Deutschland wird mit Sex im Internet jährlich eine runde Milliarde Euro verdient. 40 Prozent aller männlichen Internet-Surfer, so sagen Statistiken, suchen nach »nackten Tatsachen«. Auch wenn viele Seiten sogenannte »Pay Sites« sind – sprich, du musst dafür bezahlen, um gegen ein Passwort die entsprechenden Inhalte anschauen zu können –, so ist die Anzahl der frei verfügbaren Sex-Seiten doch immer noch sehr hoch.
Man kann nur wiederholen: Ziel der Internet-Betreiber ist das Geld des Kunden. Es geht um Sex als Ware, es geht um Profit. Niemand beobachtet dich dabei. Aber jeder Klick ist eine Stimme für ein Business, dem anständige Leute das Wasser abgraben sollten.

### Was kann man im Sexshop kaufen?

Sexshops sind Kaufläden für Sexprodukte. Die einschlägige Industrie tut natürlich alles, um Angebote für jeden Geschmack in den Laden zu stellen. Da gibt es Pornohefte und -filme oder Dessous, also ausgefallene Unterwäsche für Männer und Frauen in allen möglichen Stoffen von Seide über Lack bis Leder. Da fin-

det man künstliche Penisse mit und ohne Batteriebetrieb (auch Vibratoren oder Dildos genannt), Gummipuppen, Gleitcremes, Kondome, intime Düfte, Potenzmittel und was dergleichen Überflüssiges mehr ist. Ein durchschnittlicher Laden dieser Art dürfte ein paar hundert verschiedene Produkte auf Lager haben.

## Was sind Bordelle?

Ein Bordell ist ein Gebäude oder eine Wohnung, in der Prostitution betrieben wird. Die ersten Bordelle gab es vermutlich schon im antiken Athen. In den Bordellen arbeiten Prostituierte, die häufig bei den Bordellbesitzern angestellt sind und Abgaben entrichten. Oft tarnen Bordelle sich als Massagesalon, Sauna oder Partnerclub. Der Grund: Wer ein Bordell führt, muss stets mit dem wachsamen Auge der Behörden rechnen – vom Finanzamt über das Gesundheitsamt bis zur Gewerbeaufsicht. Außerdem gibt es Sperrbezirke, beispielsweise Wohngebiete, in denen keine Bordelle betrieben werden dürfen. Um die komplizierten rechtlichen Bestimmungen zu umgehen, wird daher mit allerhand Tricks gearbeitet.

## Was ist überhaupt Prostitution und wie funktioniert sie?

Prostitution ist bezahlter Sex. Es gibt weibliche und männliche Prostituierte. Die weiblichen werden auch »Huren« oder geringschätzig »Nutten« genannt, die männlichen »Stricher« oder »Callboy«.

> *Was heißt eigentlich ...*
>
> ... **Prostitution**? Im Lateinischen bedeutet *prostituere* »vorn hinstellen«. Daraus entstand um 1700 im Französischen das Wort prostitution, mit dem bereits das gewerbsmäßige Ausüben sexueller Handlungen bezeichnet wurde.

Alle Versuche, Prostitution zu verbieten, sind gescheitert – egal in welchem Jahrhundert und in welcher Kultur. Sogar der heilige Thomas von Aquin hat sich mit dem Thema auseinandergesetzt und Bordelle als ein notwendiges Übel hingenommen, denn es gibt offenbar immer wieder Männer, die mit Gewalt nach dieser äußersten Form der Triebabfuhr verlangen. Immer noch besser als Vergewaltigungen, hat sich Thomas von Aquin (verkürzt) gesagt.

Heute wird die Prostitution sehr unterschiedlich ausgeübt. Prostituierte stehen an der Straße, haben einen Wohnwagen unweit von Autobahnausfahrten, arbeiten in sogenannten Massagesalons oder Sex-Clubs und bieten ihre Dienste über Zeitungskleinanzeigen oder über das Internet an. In der Regel arbeiten sie in Bordellen oder Appartements. Im letzteren Fall handelt es sich um sogenannte »Callgirls«. Das sind vielfach Edelprostituierte, die sich auf bestimmte Sexpraktiken spezialisiert haben und ohne Zuhälter für zahlungskräftige Kunden arbeiten. Der Freier vereinbart per Telefon einen Termin (engl. *to call* = anrufen) und trifft sich mit dem Callgirl im Appartement. Aber auch manche Hausfrauen verdienen nebenbei als Callgirl Geld.

Sehr oft spielt sich Prostitution im kriminellen Milieu ab, denn häufig haben weibliche Prostituierte einen Zuhälter, der sich zwar »Beschützer« nennt, weil er die Mädchen gegen Übergriffe von Freiern oder »Kollegen« verteidigt. Doch das ändert nichts an der Tatsache, dass Zuhälter nichts anderes sind als Mädchenhändler und Ausbeuter. Auch Drogenkriminalität ist in diesem Milieu sehr häufig zu finden. Eine moderne Form der Prostitution ist der Sextourismus.

## Was sind Stricher und Callboys?

Strich – das ist zu einem anderen Begriff für Prostitution geworden. Ursprünglich war der Strich nur die Straßenprostitution, was wohl daher kommt, dass früher die »Stellplätze« der Prostituierten manchmal mit einem Strich auf der Straße markiert wurden. Nur in diesem gekennzeichneten Bereich durften sie ihre Dienste anbieten.

Kurioserweise werden jetzt mit dem Begriff »Stricher« in der

Umgangssprache männliche Prostituierte bezeichnet, und zwar solche, die im Gegensatz zu Callboys billigen Sex auf der Straße anbieten.

Callboys arbeiten nicht auf der Straße, sondern inserieren wie Callgirls über Kleinanzeigen in Tageszeitungen oder werden über spezielle Agenturen vermittelt. Ihre Arbeitsweise unterscheidet sich nicht wesentlich von der der Callgirls. Zu ihrem Kundenkreis zählen neben Frauen vor allem homosexuelle Männer.

### Warum wird eine Frau Prostituierte?

Freiwillig den eigenen Körper zur sexuellen Befriedigung anderer zu verkaufen – das ist so ziemlich das Letzte, was ein Mensch in unserer Gesellschaft tun kann. Doch es gibt viele Gründe, warum Frauen (und auch Männer) dies tun. So stellt Prostitution eine Möglichkeit dar, scheinbar schnell und leicht Geld zu verdienen. Manche Mädchen und Jungen, die von zu Hause weglaufen, sichern sich auf diese Weise ihren Lebensunterhalt. Das ist risikoloser als Diebstahl oder Raub, man verdient meist mehr und manchmal findet man so ein Bett für die Nacht. Oft spielen

Kontakte zum »Milieu« eine Rolle: Da gibt es eine Freundin, die sich prostituiert, oder einen dufte Typen, der Geborgenheit und Liebe verspricht. Oft finanzieren Jugendliche durch die Prostitution ihre Drogensucht.

Nicht zu vergessen – wie bereits weiter oben erwähnt – das Schicksal, das vor allem junge Frauen aus dem Osten oder der Dritten Welt erleiden. Angeworben werden sie meist durch sogenannte Schlepper, die ihnen im »goldenen Westen« gute Verdienstmöglichkeiten als Haushaltshilfen, Kellnerinnen oder Tänzerinnen versprechen. Diese Frauen werden wie Ware gehandelt und manchmal regelrecht auf Bestellung geliefert. Behörden sprechen von mehr als 10 000 Opfern aus Tschechien, der Slowakei, Polen, Ungarn, Rumänien, Bulgarien und Russland, die in den westlichen Ländern aufs Brutalste unterdrückt werden. Sie fristen ihr Leben in Bordellen und Saunaclubs, einschlägigen Wohnungen und auf dem Straßenstrich. Dort müssen die jungen Ausländerinnen ihre »Schulden« für Transport und Einreisepapiere abarbeiten, Pass und Rückflugticket werden ihnen zuvor abgenommen. Wer nicht gehorcht, wird geschlagen, vergewaltigt und drogenabhängig gemacht, in Extremfällen sogar umgebracht.

## Was sind Freier?

Früher sagte man von einem Mann, der auf Brautsuche war, er »wandele auf Freiersfüßen«. »Freien« bedeutete ursprünglich, um ein Mädchen oder eine Frau zu werben, mit dem Ziel, sie zu heiraten. Heute nennt man einen Freier einen Mann, der für Geld eine Prostituierte aufsucht. Einen anderen Begriff für einen »Prostituiertenkunden« gibt es eigentlich nicht.

## Soll ich erste sexuelle Erfahrungen mit einem älteren Typen mit Kohle machen?

Die Antwort auf diese Frage ergibt sich eigentlich anhand des bisher Gesagten von selbst. Erfüllten Sex findest du in einer intensiven, vertrauten Partnerschaft. Erste sexuelle Erfahrungen zu »konsumieren« bedeutet, sich einer der schönsten Erfahrungen zu berauben, die man im Leben überhaupt machen kann – nämlich die, mit einem anderen Menschen völlig eins zu werden. Schon durch die Fragestellung räumst du ja ein, dass es dir bei dem »älteren Typen mit Kohle« nicht um Liebe geht, sondern um Be-Rechnung.
Wohlhabende Männer »in den besten Jahren« schmücken sich bisweilen mit einer jungen Geliebten und revanchieren sich durch großzügige Geschenke – bis ihnen ein anderes Betthäschen über den Weg läuft und die Vorgängerin in die Wüste geschickt wird. Manche Mädchen reizt ein derartiges Verhältnis. Doch bei einem solchen »Sugar-Daddy« wirst du die Erfahrung des Eins-Seins garantiert nicht machen, denn ihr werdet euch gegenseitig ausnutzen: Geld gegen Körper – so lange, bis ihr einander satt habt. Du wirst Sex gegen Geld verkaufen. Das war es dann. Ist es das wert?

## Wie funktioniert der Sextourismus?

Sextourismus ist eine Form der Prostitution, denn ein Sextourist unternimmt eine Reise hauptsächlich aus dem Grund, im Urlaub sexuelle Abenteuer zu erleben. Da das vor allem billig sein soll, liegen die Reiseziele meist in armen Ländern. Dazu zählen osteuropäische Länder wie Tschechien oder Polen, Asien (vor allem Thailand), Afrika (zum Beispiel Kenia) oder Lateinamerika (wie die Dominikanische Republik). Per Bus oder Flugzeug wird die lüsterne Klientel in Länder verfrachtet, in denen sich bettelarme Mädchen für ein bisschen Kleingeld verkaufen (müssen), um ihre Familie über die Runden zu bringen. Aufgrund der schwachen wirtschaftlichen Verhältnisse in diesen Ländern sind die Lebensumstände für allein stehende Frauen mit Kindern, besonders in den ländlichen Gebieten, extrem schlecht. Auch die Touristenhochburgen bieten nicht genug Arbeit, sodass sich diese Frauen in ihrer Not als Prostituierte ausliefern. Sie sind gesundheitlich und rechtlich ungeschützt und komplett der Willkür der Urlauber, Kinderschänder und der eigenen Polizei ausgeliefert.

Oft »kauft« sich der Freier, also der Sextourist, die Prostituierte, also ein einheimisches Mädchen, für die gesamte Zeit seines Urlaubs, was ihm das Gefühl einer befristeten Partnerschaft vorgaukelt. Viele Sextouristen suchen sich sehr junge Prostituierte aus, oft sind Kinder ihr erklärtes Ziel.

Mindestens 300 000 Deutsche verreisen pro Jahr mit dem Ziel, zu einem billigen Vergnügen zu kommen. Dabei verdrängen viele von ihnen mit unglaublichem Leichtsinn, dass sie zur höchsten Risikogruppe für Aids-Infektionen zählen. Gerade in den Ländern des Sextourismus ist Aids besonders verbreitet. Laut Statistik haben sich zehn Prozent aller aidsinfizierten deutschen Männer während eines Sex-Urlaubs angesteckt.

# KAPITEL 11

*Und die Moral von der Geschicht':*
*Was zum Schluss gesagt*
*werden sollte …*

## Wer bestimmt denn, was in Ordnung ist und was nicht, wenn nicht ich?

Das, was als normal bezeichnet wird, ist das, was die meisten Menschen denken oder tun – ohne Rücksicht auf den Einzelnen. Jeder anders Denkende oder Handelnde tritt aus dieser Normalität heraus und fällt auf – angenehm oder unangenehm. Wer gegen den Strom schwimmt, wird oft negativ beurteilt, da sein »Anderssein« vielen Menschen Angst macht.

Die Grenze zu ziehen zwischen dem, was »normal« und »in Ordnung« ist, und dem, was »nicht normal« ist, fällt nicht leicht. Es hängt von der Erziehung, der Kultur und der Gesellschaftsmoral ab. Es gibt sicher keinen einzigen Menschen, der in allen Lebensbereichen hundertprozentig »normal« ist. Und ein solcher Durchschnittsmensch, der bis ins Kleinste der geltenden Norm entspricht, wäre vermutlich sogar ziemlich langweilig. Jeder hat irgendwo sein kleines geheimes Eckchen, seine »dunkle Seite«. Auch das ist normal.

Entscheidend ist, wie man damit umgeht. Lebt jemand eine solche dunkle Seite rücksichtslos aus und verstößt damit gegen Gesetze – etwa als Voyeur, Kinderschänder oder Exhibitionist –, dann ist diese Grenze eindeutig überschritten. Einen gewissen Freiraum, ein wenig zu »spinnen«, hingegen darf (und sollte) sich jeder Mensch gönnen.

## Woher weiß ich denn, ob es richtig ist, was ich tue?

Wie überall im Leben gibt es auch in der Liebe ein richtiges und ein falsches Handeln. Woher soll ich denn wissen, was richtig und was falsch ist, wirst du dich vielleicht fragen.
Dazu gibt es eigentlich zwei Wege. Der erste Weg – nennen wir ihn Weg A – ist in dir selbst angelegt. Der andere Weg – Weg B – kommt aus der gesammelten Erfahrung vieler Menschen (es ist das, was man auch als Normen und Gebote bezeichnet).
Weg A sagt: Wenn du genau in dich hineinhörst, wenn du deiner inneren Stimme vertraust, wirst du nicht falsch handeln können. In jedem Menschen ist etwas angelegt, das ihm sagt, dass man nicht gegen die Liebe und gegen die Wahrheit verstoßen darf, ohne in die Irre zu gehen. Wenn du eine Beziehung mit einem Jungen eingehst, wird dir deine innere Stimme sagen, dass alles, was ihr tut, in Übereinstimmung mit der Liebe geschehen muss.
Die andere Richtschnur ist die Wahrheit. Lügt einander niemals an, seid ehrlich zueinander. Gerade in der Liebe wird viel gelogen und getrickst. Am besten nehmt ihr beide euch fest vor, da nicht mitzumachen.
Weg B sagt: Es gibt in jeder Gesellschaft und Kultur bestimmte Richtlinien, die aus der Erfahrung und dem Nachdenken der menschlichen Gemeinschaft herkommen; es sind die sogenannten Normen und Gebote, die das Miteinander der Menschen re-

geln. Das nennt man auch »Moral«. Überall, wo mehrere Menschen zusammenleben, geben sie sich bestimmte Regeln, ohne die eine Gemeinschaft nicht funktionieren würde. Viele dieser ausgesprochenen oder stillschweigenden Übereinkünfte haben sich über Generationen hinweg entwickelt und bewährt. Zwar verändern sich im Laufe von Jahrzehnten die Ansichten darüber, was »man tut« und was »man nicht tut«, trotzdem dient die herrschende Moral als verlässlicher Kompass für das eigene Handeln. Wer dagegen verstößt, riskiert, aus der Gemeinschaft ausgeschlossen zu werden.
Weg A und Weg B zusammen ergeben ein Handeln, mit dem du dein Leben und auch deine Liebe in die richtigen Bahnen lenkst.

## Gibt es in der Sexualität Normen und Gebote, gegen die man nicht handeln soll?

Normen gibt es in der Sexualität genauso wie in der Schule, in der Familie, am Arbeitsplatz oder im Verein. Ein Leben ohne Normen und Gebote ist nicht möglich. Ein Zusammenleben erst recht nicht, wobei die Gesetze der Sexualität nirgendwo bis ins Letzte festgeschrieben sind, weil sie immer von den beiden Menschen »geschrieben« werden, die gemeinsam ihr Leben gestalten möchten. Und wir Menschen orientieren uns in unseren Entscheidungen an diesen Regeln, um zu erkennen, ob wir richtig liegen oder ob wir uns neu an der Wahrheit und der Liebe orientieren müssen.
Die Moral ist nicht in allen Gesellschaften und allen Gruppen gleich. In unserer Gesellschaft gibt es sehr verschiedene Auffassungen darüber, was gut und richtig ist. Das macht es uns immer

schwerer, allgemein anerkannte Maßstäbe für ein moralisches Handeln im Bereich der Sexualität zu finden. Diese Auffassungen können sich in einer Gesellschaft sogar widersprechen. Einig ist sich unsere Gesellschaft immerhin darin, dass jeder Mensch ein Recht auf seine Bedürfnisse hat, solange dadurch ein anderer Mensch nicht eingeschränkt oder verletzt wird.

Du solltest den Menschen, auf den du dich einlässt, mit seinen Sehnsüchten, Hoffnungen und Erwartungen ebenso ernst nehmen, wie du selbst ernst genommen werden willst.

## Wofür braucht man denn so etwas wie Scham?

Viele Leute verbinden Scham nur mit Sex. Doch der Begriff »Scham« umfasst noch weit mehr. Fangen wir mal mit einem ganz anderen Fall an. Nehmen wir an, ein Unternehmer in der Dritten Welt lässt Kinder für sich arbeiten und zahlt ihnen dafür einen Hungerlohn. Einen solchen Menschen würde man einen »schamlosen« Ausbeuter nennen. Genauso gibt es einen »schamlosen« Lügner. In beiden Fällen haben wir es mit Menschen zu tun, die eigentlich genau wissen, wie sie handeln müssten: Man beutet keine Kinder aus und man lügt nicht. Sie wissen es und handeln nicht danach.

Schamlos ist übrigens auch ein Mensch, wenn er bei Tisch rülpst und schmatzt. Er weiß genau, dass es die anderen ekelt und ihnen peinlich ist. Natürlich wäre es, sich zu schämen, wenn man sich nicht rücksichtsvoll und höflich benimmt. Scham, das ist ein Gefühl, etwas getan zu haben, was sich nicht gehört. Wer sich schämt, der fühlt sich nicht besonders gut dabei.

Kann es einen schamlosen Liebenden geben? Die Antwort lautet: Das geht nicht; es ist ein Widerspruch in sich. Wenn man liebt, dann kann man nicht zugleich »schamlos« sein; wenn man nämlich schamlos ist, dann liebt man nicht. Es verstößt gegen das Gesetz der Liebe. Was bedeutet aber Scham in der Liebe?

Um gleich ein Missverständnis auszuräumen: Es hat nicht in erster Linie etwas damit zu tun, wie angezogen oder nackt man ist. Das ist eine kulturelle Vereinbarung. Es gibt ganze Völker, die fast ohne Kleider auskommen. An vielen Stränden badet man heute teilweise oder ganz nackt. Dagegen ist grundsätzlich nichts einzuwenden. Man kann angezogen »schamlos« sein, man kann aber auch nackt sein und trotzdem dem Geist der Scham und des Anstands entsprechen. Schamlos zu sein heißt: lügen, seine wahren Absichten verbergen, jemanden zu etwas zwingen, was er nicht will, ihn nötigen. Es heißt auch: jemanden verführen.

Wenn die Liebe zwischen zwei Menschen wächst, wenn die beiden intimer miteinander werden, dann spielt dabei die Scham eine große Rolle. Gemeint ist damit das vorsichtige und liebevolle Aufeinanderachten, bei dem, was man dem anderen zumuten kann, und auf das, was den anderen verletzen könnte. Wer liebt, ist niemals schamlos. Richtige Scham ist etwas sehr Positives; sie schützt die Liebe. Das ist alles, was man zu diesem Thema wissen muss.

### Einige sagen, Sex sei Sünde, stimmt das?

Sünde ist ein Begriff aus dem christlichen Glauben. Eine Sünde begeht, wer klar weiß, was er zu tun hat, und aus vollem Willen das Gegenteil davon tut. Der Glaube sagt: Wer das tut, verletzt Gott, er »sündigt«.

Sex an sich ist weder gut noch böse. Gut oder böse können nur Menschen sein, die gut oder böse handeln können. Der christliche Glaube sagt, dass alles, was Gott geschaffen hat, gut ist – auch die Sexualität. Es ist also nur die Frage, wie der Mensch sie gebraucht. Gebraucht er sie so, dass er selbst oder ein anderer Mensch dabei Schaden leidet, so sündigt er mit dem Sex. Gebraucht er ihn richtig, so handelt er, wie Gott es vorgesehen hat. Wer also, indem er seine Sexualität gebraucht, etwas gegen die Liebe, die Verantwortung und die Wahrheit tut, der sündigt. Wer die Zeugung eines Kindes riskiert, ohne zur Elternschaft bereit zu sein, der sündigt mit seiner Sexualität, denn er hat Verantwortung auch für das Kind, das der sexuellen Begegnung entspringen könnte. Wer jemanden gegen seinen Willen zu sexuellen Handlungen verführt, sündigt mit Sicherheit.

### Sind die christlichen Kirchen mit ihrer Lehre von der Liebe nicht sehr sexfeindlich?

Dieses Vorurteil hört man oft – und nicht ganz ohne Grund. In der Vergangenheit haben sich oft leibfeindliche Elemente in den christlichen Glauben eingeschlichen, die eigentlich gar nicht zu ihm passen. Eine Zeit lang meinte man, die Seele sei mehr wert als der Leib. Diese Ansicht, die aus der griechischen Philosophie stammt, kann sich aber nicht auf die Bibel stützen. Dort heißt es, Gott habe den Leib erschaffen, und es ist sogar von der Auferstehung des Leibes die Rede – also selbst im Leben nach dem Tode spielt der Leib (und damit die Sexualität) eine Rolle! Das gibt es in keiner anderen Religion.
Manche meinen, die Kirchen seien »sexfeindlich«, weil sie sehr hohe ethische Ansprüche an den Menschen stellen. Alles, was

der Mensch zu tun hat, ist in dem Gebot der Liebe zusammengefasst. Um dieses Allerkostbarste mit Namen »Liebe« vor der Lüge und dem Missbrauch zu schützen, wurden viele Regeln entwickelt, die aber manchmal den Kern verdecken und das, wozu sie da sind. Man muss im Grunde genommen alles von diesem Kern »Liebe« her betrachten, dann versteht man es besser.

Ein weiterer Punkt, an dem der christliche Glaube heute oft aneckt, ist seine Ablehnung der Abtreibung. Christen haben von Anfang an so gedacht, und sie mussten sich in der Antike in einer Gesellschaft durchsetzen, in der es noch üblich war, dass man kleine Mädchen bei der Geburt umbrachte, weil sie als weniger wertvoll galten als Jungen. Dagegen musste sich eine Religion verwahren, in der kein Mensch (so klein und abhängig er auch immer ist) einem anderen Menschen »gehört«: Gott hat diesen Menschen geschaffen und gewollt; er liebt diesen Menschen und will, dass er lebt.

Christen mussten lernen, dass selbst das Kind im Bauch seiner Mutter nicht ihr Eigentum ist. Darum haben Christen keine andere Wahl, als Abtreibung abzulehnen, genauso wie sie übrigens die Euthanasie (Tötung von alten, behinderten oder kranken Menschen) ablehnen müssen.

Schwer zu verstehen ist auch, dass die christliche Ethik die Ehe als eigentlichen Ort der Sexualität bezeichnet und daher vorehelichen Geschlechtsverkehr kritisch betrachtet. Das muss man wiederum vom Kern, nämlich der Liebe, her betrachten. Die Liebe zwischen Mann und Frau soll nicht ein flüchtiges Abenteuer sein, sondern eine tiefe, lebenslange Bindung.

Die christlichen Kirchen wenden sich gegen liebosen oder absolut gesetzten Sex, gegen Perversionen, Pornografie, Prostitution, Untreue, Fremdgehen und Abtreibung. Die Frage ist, ob das wirklich so »sexfeindlich« ist!? Man kann es auch ganz anders sehen: Es gibt auf der Erde keine andere Gemeinschaft, die ein so hohes Ideal von der Liebe hat, wie das Christentum. Es ist sehr schwer, diesem hohen Ideal zu folgen. Aber besser man versucht es, so weit man kann, als sich gleich mit billigeren Lösungen zufriedenzugeben.

## Was sagt die Bibel zu Liebe und Sexualität?

Liebe und Sexualität bleiben in der Bibel keineswegs ausgeklammert, sondern spielen wie im Leben auch eine wichtige Rolle. Jeder weiß, dass die Bibel mit einem Paar, nämlich mit Adam und Eva, beginnt:

> *»Gott schuf den Menschen als sein Abbild, als Mann und Frau schuf er sie« (Gen 1,27).*

An anderer Stelle heißt es:

> *»Es ist nicht gut, dass der Mensch allein bleibt ... Darum verlässt der Mann Vater und Mutter und bindet sich an seine Frau, und sie werden ein Fleisch. Beide, Adam und seine Frau, waren nackt, aber sie schämten sich nicht voreinander« (Gen 2,18.25).*

Manchen wird es verwundern: Die schönste Liebesgeschichte der Welt – ein sehr freizügiges Preislied auch auf die erotische Liebe – steht ebenfalls in der Bibel. Lies einmal das Hohelied Salomos aus dem Alten Testament, du wirst staunen, wie zauberhaft und positiv dort die Erotik dargestellt ist! Hier preist ein Liebender die Schönheit in poetischen Vergleichen:

*Schön bist du, meine Freundin, ja, du bist schön.*
*Hinter dem Schleier deine Augen wie Tauben.*
*Dein Haar gleicht einer Herde von Ziegen,*
*die herabzieht von Gileads Bergen.*
*Deine Zähne sind wie eine Herde frisch geschorener*
*Schafe, die aus der Schwemme steigen.*
*Jeder Zahn hat sein Gegenstück, keinem fehlt es.*
*Rote Bänder sind deine Lippen; lieblich ist dein Mund.*
*Dem Riss eines Granatapfels gleicht deine Schläfe*
*hinter dem Schleier.*
*Wie der Turm Davids ist dein Hals, in Schichten von*
*Steinen erbaut;*
*Tausend Schilde hängen daran, lauter Waffen*
*von Helden.*
*Deine Brüste sind wie zwei Kitzlein, wie die Zwillinge*
*einer Gazelle, die in den Lilien weiden.*
*Wenn der Tag verweht und die Schatten wachsen, will*
*ich zum Myrrhenberg gehen, zum Weihrauchhügel.*
*Alles an dir ist schön, meine Freundin; kein Makel*
*haftet an dir.*

Da sich die Bibel über mehrere tausend Jahre entwickelt hat, kann man in ihr auch eine Entwicklungsgeschichte des Verhältnisses von Mann und Frau entdecken. Gab es am Anfang noch den Brauch, dass ein Mann viele Frauen haben konnte (»Gideon hatte 70 leibliche Söhne, denn er hatte viele Frauen«, Ri 8,30), so wird zunehmend der Wert der Frau entdeckt. Von Jesus ist gleich eine Reihe von zeichenhaften Handlungen überliefert, durch die er die soziale Stellung der Frauen aufwertet und sie dem Mann gleichstellt. Sprichwörtlich ist die Hochschätzung der Ehe durch Jesus in einem bestimmten Wort geworden; er sagt: »Was aber Gott verbunden hat, das darf der Mensch nicht trennen« (Mt 19,6). Damit geht Jesus gegen die Praxis seiner Zeit an, in der es noch immer üblich war, eine Frau zu verstoßen und sich eine andere zu nehmen.

Aber in diesem Wort Jesu zeigt sich für einen gläubigen Menschen noch mehr: Wenn sich Mann und Frau entschlossen haben, eine Ehe miteinander einzugehen, und damit vor den Altar treten, dann ist das nicht mehr nur eine Sache zwischen zwei Menschen. Gott nimmt das Versprechen der beiden ernst und verbindet sie in der Tiefe. Christlich gesehen hält eine Ehe daher nicht so lange, wie die Gefühle zwischen zwei Menschen hinreichen; die Ehe ist eine Verbindung, bis der Tod Mann und Frau voneinander scheidet.

## Warum heiraten die Leute überhaupt?

Dafür gibt es viele Gründe. Der erste Grund ist sicherlich nach wie vor die Liebe. Die Liebe selbst ist etwas so Großes, dass Menschen natürlicherweise das Gefühl haben, sie sei mehr als ein Vertragsabschluss zwischen zwei Menschen unterschiedlichen Geschlechts. Die Liebe sagt: Ich will dich annehmen, auch wenn du einmal krank oder unansehnlich oder alt sein wirst.

Aber natürlich hat es auch soziale Gründe, dass man heiratet. Kinder brauchen nichts so sehr wie eine intakte Familie mit Vater und Mutter. Früher war die Ehe auch eine Art Versicherung für die Frau: Der Mann verdiente das Geld, und wenn die Verbindung auseinander ging, stand die Frau oft mittellos auf der Straße – und hatte in aller Regel auch noch die Kinder zu versorgen. Es ist daher verständlich, wenn die Gesellschaft in allen

Kulturen der Erde die Ehe hochhielt und sie mit besonderem Schutz versah.

Die christliche Ehe – Katholiken nennen sie ein Sakrament – geht noch weit über diese Vernunftgründe hinaus. Sie rechnet damit, dass die Ehe etwas Heiliges ist, ein Schwur vor Gott, aber auch etwas, das Gott auf besondere Weise segnet und in dem Gott auf besondere Weise wirksam ist. Viele Leute heiraten auch heute noch kirchlich.

## Ist eine nicht eheliche Lebensgemeinschaft nicht ehrlicher als eine Ehe?

Im deutschsprachigen Raum scheitert heute fast jede dritte Ehe, wobei es nicht unerheblich ist, dass kirchlich geschlossene Ehen dabei immer noch dauerhafter sind als solche, die nur vor dem Standesamt geschlossen werden. Viele Jugendliche sehen die kaputten Ehen ihrer Eltern und sagen sich: Wir wollen es besser machen; wir heiraten erst gar nicht. Wenn dann die Gefühle füreinander aufhören, trennen wir uns einfach. Das ist doch ehrlicher.

Psychologen betonen aber immer wieder, dass eine Verbindung, aus der Kinder hervorgegangen sind, eigentlich nicht mehr scheidbar ist. Wenn ein Kind da ist, sind Mann und Frau für immer Mutter und Vater dieses Kindes. Eine Trennung ist für ein Kind immer eine Katastrophe, die kaum mehr gutgemacht werden kann. Aber auch dann, wenn kein Kind aus der Verbindung von Mann und Frau hervorgeht, ist doch die Liebe mehr als ein Kontrakt auf Zeit.

Aber ist es nicht doch ehrlicher zuzugeben, dass man das Eheversprechen nicht für alle Zeiten geben kann? Wer weiß denn, was in drei, fünf oder zehn Jahren sein wird? Richtig ist, dass niemand weiß, wie er in ein paar Jahren aussehen und denken wird. Aber das ist gerade ein Merkmal der Liebe, so groß zu sein, dass man buchstäblich Kopf und Kragen riskiert und einen Blankoscheck auf die Zukunft ausstellt.

Wie sieht es denn mit der so oft beschworenen Ehrlichkeit nicht ehelicher Lebensgemeinschaften aus? Ihr Versprechen lautet: »Ich will mit dir leben, solange es uns beiden Spaß macht.« Damit ist in den Kern der Verbindung der Same des Zweifels gesät. Zumindest einer der beiden könnte sich sagen: Ich will jetzt mit diesem Menschen zusammen sein, aber so ein ganz kleines bisschen möchte ich mich auch noch auf der Piste befinden – kann ja sein, dass mir eines Tages eine noch tollere Frau/ein noch tollerer Mann über den Weg läuft. Zusammenleben ist nun auf die Dauer kein Zuckerschlecken; man lernt einander mit allen Ecken, Kanten und Schattenseiten kennen. In einer solchen Phase, in der es gerade mal keinen Spaß macht, kommt dann mit einiger Sicherheit die tolle Frau/der tolle Mann daher – und aus ist es mit der Beziehung. Das Spiel beginnt von vorne, und ein Mensch bleibt zurück, der Jahre seines Lebens und vielleicht tiefere Gefühle als der beziehungsflüchtige Partner investiert hat.

## Kann man einander Treue bis zum Tod schwören?

Das beweisen ungezählte Paare, bei denen es gut gegangen ist; das beweisen Paare, die 30, 40, 50 Jahre miteinander gelebt, geliebt und gestritten haben, aneinander und miteinander gewachsen und alt geworden sind, fast wie Zwillinge oder wie ein Paar unzertrennlicher Freunde.

Man darf freilich nicht den Fehler machen, in das eine große Wort »Ich liebe dich« auch nur den geringsten Vorbehalt einzupflanzen. Damit meine ich nicht die kleinen Worte der Zärtlichkeit, die immer dann fallen, wenn zwei Menschen, die auf der Suche nach einem Partner sind, einander begegnen und eine vorsichtig tastende Beziehung beginnen. Ich meine wirklich das große »Ich liebe dich«, das durch viele Prüfungen, durch Höhen und Tiefen und durch Enttäuschungen gegangen ist – ich meine das Wort, das am Ende einer gründlichen und nüchternen »Testphase« steht.

Eines Tages muss es möglich sein, einander wirklich zu kennen und anzunehmen, komme, was da mag. Bevor man das nicht auf beiden Seiten kennengelernt hat, soll man niemals sagen: Wir wollen heiraten! Wer heiraten will, sollte dem anderen buchstäblich »todsicher« vertrauen können, dass er es mit der Treue und Endgültigkeit seiner Entscheidung wirklich ernst meint.

Religiöse Menschen sagen immer wieder, dass ihnen der Glaube, dass Gott in ihrer Ehe anwesend ist, sehr hilft. Sie wissen, dass lebenslange Treue den Menschen eigentlich überfordert. Aber sie erfahren, dass es in der Hoffnung auf Gottes Hilfe immer noch einen Weg zueinander gibt, wenn alle menschlichen Möglichkeiten erschöpft scheinen. Und auf lange Sicht kommt es dann zu etwas, das mit allem Geld der Welt nicht aufzuwiegen ist: Liebe, die durch alle Höhen und Tiefen gegangen ist.

## Wohin kann ich mich wenden, wenn ich nicht mehr weiterweiß?

Für Jugendliche gibt es verschiedene Beratungsstellen. Dort können Mädchen und Jungen, aber auch Erwachsene hingehen, wenn sie Fragen zu Sexualität und Verhütung, zu einer ungewollten Schwangerschaft oder zu ihrer Beziehung haben. Der Besuch ist in aller Regel kostenlos. Es gibt eine Menge Informationsmaterial zu den einzelnen Fragen. Wer sich beraten lassen will, macht vorher einen Termin mit einem Berater/einer Beraterin aus. Das Angenehme an den Beratungsstellen: Wer seinen Namen nicht nennen möchte, wird anonym beraten und bekommt die Hilfe, die er oder sie braucht. Und noch etwas: Die Mitarbeiter sind verpflichtet, die Gespräche vertraulich zu behandeln. Die Adressen und Telefonnummern der Beratungsstellen findest du im Telefonbuch oder Internet, oft aber auch in der Zeitung unter der Rubrik »Hilfe und Beratung«.

# ANHANG

## Buchtipps

Raith-Paula, Elisabeth: *Was ist los in meinem Körper?* – Alles über meine Tage; Pattloch Verlag, München 2003.
*Natürlich und sicher.* Trias Verlag, Stuttgart 2005.
*Natürlich und sicher.* Natürliche Familienplanung. Arbeitsheft. Trias Verlag, Stuttgart 2004.

## Kontakte

*Kinder- und Jugendtelefon*
Die Nummer gegen Kummer (kostenfrei)
Telefon (gebührenfrei) 0800 111 0 333
Ansprechpartner bei Fragen zu Sexualität und Empfängnisverhütung.

*Bundeszentrale für gesundheitliche Aufklärung (BzgA)*
Ostmerheimer Straße 220
51109 Köln
Telefon (0221) 89 92 0
Fax (0221) 89 92 300
E-Mail: order@bzga.de (Versand von Broschüren zu Empfängnisverhütung, Sex und Aids); Internet: www.bzga.de

*Centrum für SexualWissenschaft e.V.*
Hauptstraße 11
10827 Berlin
Telefon (030) 7 88 16 42
Fax (030) 7 82 38 64

*Deutscher Bundesjugendring*
Mühlendamm 3
10178 Berlin
Telefon (030) 400 40 400
Fax (030) 400 40 422
E-Mail: info@dbjr.de
Internet: www.dbjr.de

*Informationszentrum für Männerfragen e.V.*
Sandweg 49
60316 Frankfurt am Main
Telefon (069) 4 95 04 46
Fax (069) 94 94 85 64
E-Mail: infozentrum@maennerfragen.de

*pro familia-Bundesverband*
Stresemannallee 3
60596 Frankfurt am Main
Telefon (069) 63 90 02
Fax (069) 63 98 52
E-Mail: info@profamilia.de
Internet: www.profamilia.de
pro familia hat Landesverbände in den einzelnen Bundesländern und betreibt in vielen Städten Beratungsstellen.

Informationen über die Natürliche Familienplanung:
*Arbeitsgruppe NFP* (Natürliche Familienplanung)
Malteser Werke
Kalker Hauptstraße 22
51103 Köln
Telefon (0221) 98 22 591/592
Fax (0221) 98 22 589
E-Mail: nfp@malteser.de
Internet: www.malteser.de

## ANHANG

### AIDS-BERATUNG

Die unten aufgeführten zentralen Stellen nennen dir gegebenenfalls Ansprechpartner oder Beratungsstellen in deiner Nähe.

**In Deutschland:**
*Deutsche Aids-Hilfe e.V.*
Dieffenbachstraße 33
10967 Berlin
Telefon (030) 69 00 87 0
Fax (030) 69 00 87 42
E-Mail: dah@aidshilfe.de
Internet: www.aidshilfe.de

**In Österreich:**
*Aids-Kommission des Obersten Sanitätsrates (OSR)*
Bundesministerium für Arbeit, Gesundheit und Soziales
Radetzkystraße 2
1031 Wien
Telefon (01)7 1172 0

*Österreichische Aids-Gesellschaft*
Alser Straße 4 (Wiener Medizinische Akademie)
1090 Wien
Telefon (01) 4 05 13 83-20
Fax (01) 4 05 13 83-23
E-Mail: kknob@medacad.org
Internet: www.aidsgesellschaft.at

*In der Schweiz:*
*Aids-Hilfe Schweiz*
Konradstraße 20
8005 Zürich
Telefon (01) 44 447 11 11
Fax (01) 44 447 11 12
E-Mail: aids@aids.ch
Internet: www.aids.ch

*Aids & Kind*
Schweizerische Stiftung für Direkthilfe an betroffene Kinder
Seefeldstraße 219
8008 Zürich
Telefon: (01) 44 422 57 57
Fax: (01) 44 422 62 92
E-Mail: info@aidsundkind.ch
Internet: www.aidsundkind.ch

## BERATUNG BEI DROGEN- UND ANDEREN SUCHTPROBLEMEN

*Bundeszentrale für gesundheitliche Aufklärung*
(siehe oben)

*Deutsche Hauptstelle gegen die Suchtgefahren e.V (DHS)*
Westenwall 4
59065 Hamm
Telefon (02381) 90 15 0
Fax (02381) 90 15 30
E-Mail: info@dhs.de
Internet: www.dhs.de

*DHS-Kampagne »Mit uns kommst du klar«*
(Selbsthilfe für junge Abhängige):
Telefon (02381) 90 15 12

*Online-Drogenberatung*
www.partypack.de

# Register

Abhängigkeit von Sex 128 f.
Absaugen, operatives 152
Abstrich 50
Abtreibung, illegale 153
Abtreibungspille 153
Acne vulgaris 56 f.
Acquired Immune Deficiency Syndrome s. Aids
Adrenalin 13
Aids 97, 123, 143, 165, 167 ff., 190
– Ansteckung 168 f.
– Beratung 170 f.
– Schutz 169 f.
– Test 96
– Übertragungsmöglichkeiten 168 f.
Akne 56 f.
Aknebehandlung 57
Allein leben 74 f.
Analverkehr 122 f.
Androgene 13, 37
Ansteckungsrisiko 164
Antibabypille 137 f.
Aufenthaltsbestimmungsrecht 22, 26
Aufmerksamkeit auf sich lenken 64 f.
Ausziehen von zu Hause 25 f.

Ballaststoffe 53
Befruchtung 132
Beratungsstellen 149 ff., 155 f., 204, 206 ff.
Berufsausbildungsverhältnis 25
Berufsschulpflicht 25
Besuchsrecht 31
Beziehung 61, 74 f.
– intensive 86
– zu einem Jungen 61
Bibel 198 ff.
Binde 41 f.
Bisexualität 160
Bläschendrüsen 35
Blutspenden 171
Bordell 184 f.
Brustkrebs-Früherkennung 51
Brustuntersuchung 51
Brustwachstum 42
Buchtipps 205

Callboy 185 ff.
Callgirl 186 f.
Chlamydien 165 f.
Christlicher Glaube
– und Abtreibung 197
– und Sex 195 f.
Chromosomen 33

Coitus interruptus 145
Coming-out 161
Cool sein 53, 83 f.
Cunnilingus 124

Darmausgang 34
Defloration 116 f.
Deodorant 55
Depression 30
Diaphragma
   s. Scheiden-Pessar
Disco 22
Dreimonatsspritze 139
Drogen 54
Drogenberatungsstelle 54
Duschen 55

Egoismus 17, 37, 73
Egoist s. Egoismus
Ehe 81, 200 f.
– christliche 201, 203
– gescheiterte 201
Ei-Bläschen s. Follikel
Eichel 36, 45
Eierstöcke 35, 37 f., 40
Eifersucht 98 ff.
Eileiter 35, 40
Eisprung 38, 40
Eizelle 39
– befruchtete 132
Ejakulation 46 f.

Eltern 16 f., 19 ff., 93 f.
– Scheidung 28 f.
– Trennung 28
– Wohnen bei den Eltern 25 f.
Embryo 135
Emotionen 15
Empfängnis 131 f.
Empfängnisverhütung 49, 136 ff.
– Mann 142 ff.
– Methoden 136 ff.
Empfindungen beim Sex
– Frau 118 f.
– Mann 119 f.
Enthaltsamkeit 146
Entjungferung s. Defloration
Entwässernde Mittel 44
Entwicklung, embryonale 132 ff.
Erektion 46
Erfahrungen, sexuelle 72
Ernährung 53 f.
Erogene Zonen 108
Erotik 107 ff.
– erotische Ausstrahlung 107
– in der Bibel 198 f.
Erregungsphase 120
»Erstes Mal« 90 ff.
Erziehen, den Partner 84 f.
Ess-Brech-Sucht 76
Exhibitionismus 125, 127

## Register

Familie 13 f.
Fantasie 109
Fellatio 124
Follikel 39
Frauenarzt/Frauenärztin 49 ff.
Frauenfreundschaften 161 f.
Freie Liebe 96 f.
Freier 188
Fremdgehen 97
Freunde 13, 28
Freundin des Vaters 26 f.
Freundschaft 66
– beenden 103 f.
Fruchtwasser 134

Gebärmutter 35, 40, 43
Gebärmutterhals 38
Gebärmutterschleimhaut 40
Gebote 192 ff.
Geburt 135
Gefühle 15 f., 30
– verwirrende 15
Gehirnwachstum 15
Gelbkörperhormon 138
Geschlechtshormone 37
Geschlechtskrankheiten 125, 143, 146, 164 ff.
– Ansteckung 165
– Ansteckungsrisiko 164
Geschlechtsmerkmale
– erworbene 34

– primäre 34
– sekundäre 34
Geschlechtsorgane
– männliche 34 ff.
– weibliche 34 f.
Geschlechtsreife 43, 45
Geschlechtsverkehr 39, 163
– Arten 122 ff.
– ungeschützter 136, 164
– unvorbereiteter 163
– vorehelicher 95
Gestagen 137, 139
Gleitmittel 144
Glied s. Penis
Gonokokken 125
Gonorrhöe 165 f.
Großhirn 16
Gynäkologe s. Frauenarzt/Frauenärztin
Gynäkologischer Stuhl 50

Haarmode 58
Haarpflege 56
Händchen halten 162
Harnröhre 34
Hautarzt 57
Heiraten 200 f., 203
Hepatitis 125
Herpes genitalis 125, 165 f.
Heterosexualität 158
Hilfen, finanzielle 150

ANHANG

HIV 125, 165, 167 ff.
– Ansteckungsrisiko 123
– HIV-Test 170 f.
Hobby 18
Hoden 35, 46 f.
Hodensack 35
Homosexualität 157 ff.
Homosexuelle Neigungen 159 f.
Hormone 37 f.
Hormonspiegel 37
Hormonstäbchen 138
Human Immunodeficiency Virus s. HIV
Huren s. Prostituierte
Hygiene 54 ff.
Hymen s. Jungfernhäutchen

Interessenkonflikte 19
Intimsphäre 17, 36
Intrauterinpessar (IUP) s. Spirale
Inzest 176
IUP s. Intrauterinpessar

Jugendamt 174
Jugendschutzgesetz 22 ff.
Jungenclique 67 f.
Jungfernhäutchen 35, 38 f., 92, 116 ff.

Kalendermethode s. Knaus-Ogino-Methode
Keuschheit, voreheliche 94 f.
Kind, uneheliches 155 f.
Kinder- und Jugendtelefon 174 f.
Kinderpornografie 180
Kirchen, christliche 196
– Einstellung zum Sex 196 ff.
Kleidung 58
Klitoris 35
Knaus-Ogino-Methode 142
Koitus interruptus s. Coitus interruptus
Kondom 125, 142 ff., 170
– Anwendung 144
Körper 33 ff.
Körperkult 53
Körperkultur 53 ff.
Körperpflege 54 ff.
Körpertemperatur 141
Kosmetikerin 57
Krebsabstrich 50
Krise 86
Küssen 71

Latex-Allergie 144
Launen 13
Leben ohne Beziehung 74 f.
Lebensgemeinschaft, nicht eheliche 201 f.

Lesbisch 157 f.
Liebe 69 ff.
– auf den ersten Blick 69
– in der Bibel 198 ff.
– lernen 73 f.
– ohne Sex 112 f.
– platonische 112
– Sünde 76 f.
– und Selbstverwirklichung 87 f.
Liebeskummer 100 ff.
Loslösung 21
Lustgefühle 88 f.

Magersucht 76
Markenmode 58
Masochismus 125, 127
Masturbation s. Selbstbefriedigung
Medien 75 f., 177
Menarche 42 f.
Menstruation 13, 38 ff.
– erste s. Menarche
Menstruationsblut 38, 40 ff.
Menstruationsschmerzen 41
Mikrocomputer zur natürlichen Verhütung 140 f.
Minderwertigkeitsgefühle 76
Mineralstoffe 53
Minipille 139
– »im Arm« 138

Miteinander gehen 81
Mitspracherecht 20
Mode 58
Monatsblutung s. Menstruation
Moral 193
Moralische Verpflichtung 114
Mundverkehr s. Oralverkehr
Mutterkuchen 132
Muttermund 35

Nabelschnur 133
Nachpubertät 14
Natürliche Familienplanung 146
Nebenhoden 35, 47
Nein sagen 124
Nekrophilie 125
NFP s. Natürliche Familienplanung
Niederlassungsrecht 94
Normalität 191 f.
Normen 192 ff.
Nutten s. Prostituierte

Onanie s. Selbstbefriedigung
Oralverkehr 122 ff.
Orgasmus 47, 118 ff.
– Phasen 120 f.
Östrogen 13, 38, 40, 137, 139
Ovulation s. Eisprung

Pädophilie 125 f.
Partnerschaft 77, 81 ff.
− Checkliste 81 f.
Pearl-Index 137
Penis 36, 39, 45 ff.
Periode s. Menstruation
Persönlichkeit 18
Pervers 48, 125 f.
Perversionen 125 ff.
Petting 109, 111, 131
Pickel 15, 44, 56 f.
»Pille danach« 152
Pilzinfekte 165
Plateauphase 120
Platonische Liebe 112
Plazenta s. Mutterkuchen
PMS s. Prämenstruelles Syndrom
Pornobranche 110
Pornofilme 179
Pornografie 178 ff.
Pornoindustrie 178 ff.
Prämenstruelles Syndrom 44
Progesteron 38, 40
Prostata 35
Prostituierte 178, 184, 186 ff.
Prostitution 178, 185 ff.
Pubertät 13 ff., 37 f., 83

Rauchen 59
Redensarten, sexuelle 172
Refertilisierung 147
Regelblutung s. Menstruation
Reife 18
− seelische 91
Respekt 66, 99
Richtlinien 192
Rückbildungsphase 121
Rückzieher (Coitus interruptus) 145

Sadismus 125, 127
Sadomasochismus 127
Safer Sex 170
Samenbildung 37 f.
Samenerguss 13
Samenflüssigkeit s. Sperma
Samenleiter 35 f., 47
Samenzellen 46 f.
Scham 36 f., 194 f.
Schamlippen 35
Schamlosigkeit 37
Scheide 34, 38 s. auch Vagina
Scheidenentzündung 55
Scheidenkanal 38
Scheiden-Pessar 140
Scheidenspiegel 50
Scheidenverkehr s. Vaginalverkehr
Scheidung 28 ff.
Schüchternheit 75
Schule 24 f.

Schulpflicht 24 f.
Schwanger sein 149 f.
Schwanger werden 45
Schwangerschaft 38, 131 ff.
— Anzeichen 147 f.
— ungewollte 89, 150 f.
— Verhütung 49, 136 ff.
Schwangerschaftsabbruch
— erlaubter 153 ff.
— Methoden 151 ff.
— Rechtsgrundlagen 153 f.
Schwangerschaftshormon 148
Schwangerschaftskonflikt-
  beratung 154 f.
Schwangerschaftstest 148
Schweigepflicht, ärztliche 165
Schwellkörper 36, 45
Schwul 157
  s. auch Homosexualität
Selbstbefriedigung 48 f., 77, 119
Selbstdisziplin 105
Selbstmitleid 17
Selbstmordgedanken 30, 102
Selbstverwirklichung 87 f.
Selbstwertgefühl 100
Sex 89 f., 107 ff.
— als Sucht 128 f.
— als Sünde 77, 195
— als Wirtschaftsfaktor 91
— christlicher Glaube 195 ff.

— im Internet 183
— käuflicher 178
— ohne Geschlechtsverkehr 111
— ohne Liebe 110 f.
— reden über 114 ff.
— und Sprache 114 ff.
— und Werbung 91
— ungeschützter 164
Sexismus 177
Sexshop 183 f.
Sextourismus 186, 189 f.
Sexualhormone 13
Sexualität 90 f., 94, 110, 114, 118 f., 125, 128 f., 136, 157, 159, 163, 172, 181 f., 193 f., 196 ff., 204, 206
— der Frau 118 f.
— des Mannes 119 f.
— in der Bibel 198 ff.
— Normen und Gebote 193 f.
Sexuelle Beziehung unter
  Geschwistern s. Inzest
Sexuelle Erfahrungen 72
Sexuelle Gewalt 173
Sexuelle Lust 111
Sexuelle Redensarten 172
Sexuelle Schutzaltersgrenze 92 f.
Sexuelle Testphase 89
Sexuelle Unberührtheit 94

Sexueller Missbrauch 172 ff.
– Anzeige 174 f.
Sexuelles Warten 90
Sexy 107
Slipeinlage 43
Sodomie 125 f.
Sorgerecht 30 f.
Spanner 127, 181 f.
Spätentwicklerin 63
Spekulum
   s. Scheidenspiegel
Sperma 47
Spirale 139 f.
Sport 18, 58
Sterilisation
– der Frau 147
– des Mannes 146 f.
Stimmbruch 38
Streit 85 f.
Stress 41, 53
Stricher 185 ff.
Sugar-Daddy 189
Sünde 76 f., 195 f.
Symptothermale Methode
   141, 145 f.
Syphilis 165, 167

Tampon 39, 42 f., 116
Tastuntersuchung 50 f.
Teenager-Sprechstunde 49
Telefonseelsorge 174

Telefon-Sex 182 f.
Temperaturmethode 145
Testosteron 13, 37
T-Helferzellen 167
Tod 28
Trennung 28 ff., 102 ff., 201
– der Eltern 28
Trennungsgespräch 104
Treue 97
– bis zum Tod 202 f.
Triebe 110
Trinken 54
Tripper s. Gonorrhöe

Übernachten beim Freund 92 f.
Umgangsrecht 31
Untreue 97

Vagina 38 f.
Vaginalverkehr 122
Vasektomie s. Sterilisation
   des Mannes
Vater 26 f.
Veränderungen, körperliche
   14 f.
Verantwortung 103, 109
Verbote 20
Verdrängung 29 f.
Verführung zum Beischlaf 93
Vergewaltigung von Jungen
   176

Verhütung s. Schwangerschaft (Verhütung) und Empfängnisverhütung
Verhütungsmittel, chemische 142
Verhütungsstäbchen 138 f.
Verliebtsein 62, 68 ff.
Verlust des Partners 104 f.
Vertrauen 66
Vitamine 53
Vorbilder 16
Vorhaut 36, 45
Vorpubertät 13
Vorspiel 121
Vorsteherdrüse s. Prostata
Voyeur 181
Voyeurismus 125, 127 f., 178
Vulva 35

Wachstumshormon 37
»Wahre Liebe wartet« (Kampagne) 113
Wahrheit 192
Waschen 55
Wehen 134
Weicher Schanker 165
Weißfluss 43
Wellness-Programm 54 f.
Werte 18
Wirkung auf Jungen 62 f.
Wohnen 25 f.
– bei den Eltern 25 f.

Zahnpflege 56
Zärtlichkeit 108 f.
– Stufenleiter der 108 f.
Zervixschleim 141
Zicke 21
Zuhälter 186
Zusammenleben 201 f.
Zweierbeziehung, offene 96 f.
Zyklus 41

## Menstruationskalender

|           | 1 | 2 | 3 | 4 | 5 | 6 | 7 | 8 | 9 | 10 | 11 | 12 | 13 | 14 | 1 |
|-----------|---|---|---|---|---|---|---|---|---|----|----|----|----|----|---|
| Januar    |   |   |   |   |   |   |   |   |   |    |    |    |    |    |   |
| Februar   |   |   |   |   |   |   |   |   |   |    |    |    |    |    |   |
| März      |   |   |   |   |   |   |   |   |   |    |    |    |    |    |   |
| April     |   |   |   |   |   |   |   |   |   |    |    |    |    |    |   |
| Mai       |   |   |   |   |   |   |   |   |   |    |    |    |    |    |   |
| Juni      |   |   |   |   |   |   |   |   |   |    |    |    |    |    |   |
| Juli      |   |   |   |   |   |   |   |   |   |    |    |    |    |    |   |
| August    |   |   |   |   |   |   |   |   |   |    |    |    |    |    |   |
| September |   |   |   |   |   |   |   |   |   |    |    |    |    |    |   |
| Oktober   |   |   |   |   |   |   |   |   |   |    |    |    |    |    |   |
| November  |   |   |   |   |   |   |   |   |   |    |    |    |    |    |   |
| Dezember  |   |   |   |   |   |   |   |   |   |    |    |    |    |    |   |

Mit dem Menstruationskalender kannst du deinen Zyklus verfolgen. In den Kästchen notierst du mit Symbolen, wann deine Periode war, zum Beispiel so:

- *schwache Blutung*
- *mittelstarke Blutung*
- *starke Blutung*

Um deinen Monatszyklus zu berechnen, zählst du dann einfach die Tage ab – beginnend mit dem ersten Tag der Blutung bis zum letzten Tag vor der nächsten Periode.

# Menstruationskalender 221

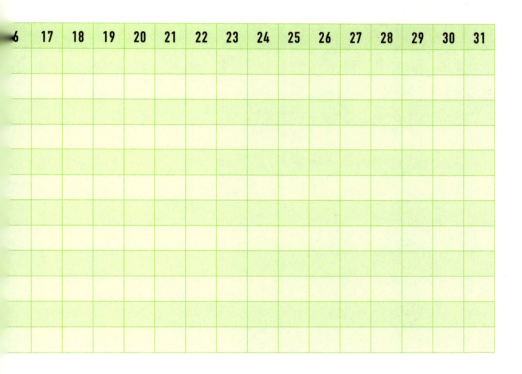

Mit weiteren Symbolen kannst du deine Stimmung festhalten, beispielsweise so:

☀ *gute Laune*
☂ *schlechte Stimmung / Schmerzen*
♡ *verliebt*
⚡ *total genervt*

GERALD DREWS · PETRA HIRSCHER
# Das Buch für JUNGEN

**Alles, was ich wissen will über Erwachsenwerden, Liebe und Sexualität**

224 Seiten
978-3-629-01403-0

## Alles, was Jungen wissen wollen

Dieses Buch beantwortet offen und sensibel alle Fragen, die beim Erwachsenwerden plötzlich wichtig werden: Was passiert gerade mit mir? Wie komme ich bei Mädchen an? Wie verhüte ich sicher?
Dabei legt es auch einen ethischen Schwerpunkt auf Themen wie Wert einer Beziehung, Abtreibung oder Pornographie.

**PATTLOCH**